U1007001

A New Approach to Labor Conflict Management

劳资冲突管理的新路径

于静静 ◎ 著

知识产权出版社
全国百佳图书出版单位

图书在版编目(CIP)数据

劳资冲突管理的新路径 / 于静静著. — 北京 : 知识产权出版社, 2019.5

ISBN 978-7-5130-6183-4

Ⅰ.①劳… Ⅱ.①于… Ⅲ.①劳资纠纷－研究－中国 Ⅳ.①F249.26

中国版本图书馆CIP数据核字(2019)第057544号

内容提要

本书对劳资冲突管理的新路径进行了探索性的研究，并从劳资关系视角就冲突管理、心理授权和政治技能三个要素如何影响员工创新行为进行了多角度分析。其研究特色在于：对中国情境下的劳资冲突管理进行了探讨；将心理授权引入到劳资冲突管理方式对员工创新行为的作用机制中；将政治技能引入劳资关系和创新行为研究领域。

责任编辑：阴海燕　　　　**责任印制**：孙婷婷

劳资冲突管理的新路径

LAOZI CHONGTU GUANLI DE XIN LUJING

于静静　著

出版发行：知识产权出版社有限责任公司	网　　址：http: // www.ipph.cn
电　　话：010－82004826	http: // www.laichushu.com
社　　址：北京市海淀区气象路50号院	邮　　编：100081
责编电话：010－82000860转8693	责编邮箱：yinhaiyan@cnipr. com
发行电话：010－82000860转8101	发行传真：010－82000893
印　　刷：北京九州迅驰传媒文化有限公司	经　　销：各大网上书店、新华书店及相关专业书店
开　　本：720mm×1000mm　1/16	印　　张：11.75
版　　次：2019年5月第1版	印　　次：2019年5月第1次印刷
字　　数：186千字	定　　价：58.00元

ISBN 978-7-5130-6183-4

序

PREFACE

改革开放40年来，我国国民经济得到了持续快速的发展，特别是近20年来，我国国内生产总值平均增长了9.05%，城镇居民人均可支配收入平均增长了5倍，人民生活水平和消费水平得到显著改善。与此同时，我国劳动就业人数不断增长，劳动争议数量也逐年增多，劳资矛盾进入了高发期、多发期和冲突期。如何对企业日益增多的劳资冲突进行管理，已经成为学界和业界共同关注的现实课题。

习近平总书记在党的十九大报告中指出，中国特色社会主义进入了新时代，我国社会主要矛盾已经转化为人民日益增长的美好生活需要和不平衡不充分的发展之间的矛盾。从人力资源管理的角度看，最大的不平衡是企业发展和员工需求的不平衡，最大的不充分是构建和谐劳动关系的不充分。当前，劳动关系已经成为现代社会的一个非常微妙和复杂的问题，也是企业人力资源管理最重要的活动之一。劳动关系和谐与否不仅影响着企业的健康发展、员工的幸福感受，对于组织行为也具有重要影响。

我在主持国家自然科学基金重点项目"中国企业雇佣关系模式与人力资源管理创新研究"过程中，对不同所有制、不同行业、不同规模、不同发展阶段的企业劳动关系模式现状进行了全方位、立体式的对比分析与归纳总结，发现我国企业劳动关系呈现形态多元、过渡稳健、策略失配、发展保守四个特征。尤其是随着新组织、新技术、新业态的不断涌现，企业劳动关系也从传统的单一模式转变为组织导向和工作导向等多种模式并存的局面，因此需要我们从更高的高度、更宽的视野考虑新时代我国企业劳动关系管理面临的新机遇、新问题和新挑战。越来越多的人将从简单劳动关系走向劳动合同关系、从劳动式就业走向创业式就业、从科层制管理走向平台化协同，"公司+员工"的组织关系正逐渐被"平台+

个人”所替代，我国企业的劳动关系将迎来更大变革。

建设创新型国家，关键在于培养和造就一大批创新型人才，而员工的创新行为又受到多种因素的影响。当前，我国企业人力资源管理由“粗放时代”进入“变革时代”，企业正在从“成本逐利”向“人才逐利”的方式转变。《中国科技人才发展报告》显示，2014年我国科技人力资源达8114万人，科技人力资源平均年龄为33.73岁，29岁以下的科技工作者成为我国现有科技人力资源的主体。面对创新发展的新机遇、新问题和新挑战，如何激发员工的创新行为，增强企业的创新能力，进而提升国家的创新水平，实现建设创新型国家的战略目标，就成为一个值得研究的重大课题。

管理大师彼得·德鲁克1991年在东京创业教育国际会议上曾经指出：“任何敢于面对决策的人，都可以通过学习成为一个创业者并具有创业精神。创业是一种行为，而不是个人性格特征。” 面向新时代的发展要求，我们需要以构建和谐劳动关系为出发点，全面推进人力资源管理模式的变革与创新，充分激发各类人才的积极性、主动性、创造性，激发企业创新活力，发挥企业创新潜力。这对加快培养和服务创新型人才、实施创新驱动发展战略具有重要意义。

基于上述背景，于静静老师根据自己多年的研究积累，撰写了《劳资冲突管理的新路径》一书。本书对劳资冲突管理的新路径进行了探索性的研究，并从劳资关系视角就冲突管理、心理授权和政治技能三个要素如何影响员工创新行为进行了多角度分析。其研究特色有：一是对中国情境下的劳资冲突管理进行了探讨。中国情境下，雇主（管理层）不同的冲突管理方式能够影响雇员（下属员工）的创新工作行为。该书将劳资关系与冲突管理两个变量结合起来进行研究，从劳资关系的视角探讨冲突管理对员工创新行为的影响，以及不同类型的冲突管理方式对员工创新行为的影响。二是将心理授权引入劳资冲突管理方式对员工创新行为的作用机制中。心理授权是改善雇员（下属员工）创新工作行为的有效方式。该书将组织行为理论和劳资关系理论结合起来探讨冲突管理对员工创新行为的影响，指出有效冲突管理方式对个人在工作中的决策参与组织联结程度具有积极影响，并且产生较多的建言行为和创新行为。三是将政治技能引入劳资关系和创新行为研究领域。政治技能不仅有助于员工创新行为的产生，而且能够调节心理授权合作型的冲突管理行为与员工创新行为。该书指出，政治技能对员工创新行为具有显著的正向影响，心理授权在合作型的冲突管理行为与员工创新行为之间的中介效应受到政治技能的负向调节。

总之，本书不仅具有一定的理论价值，也具有较好的管理实践意义，其研究结论不仅丰富了相关领域的研究成果，而且对于企业管理者如何利用多种手段正确处理当前日益增多的劳资矛盾，提升员工的创新行为也提供了方法指南，值得一读。

受作者之邀，特作此序。

南京大学人文社会科学资深教授、商学院名誉院长、博士生导师

2019年1月28日

目 录
CONTENTS

第1章　绪　　论

1.1　研究背景

我国自1978年改革开放以来，经过了40年的发展，如今无论是经济、教育和科技文化，还是卫生和社会服务、资源环境和安全生产及人口、人民生活和社会保障方面，均取得了持续而长足的进步。据国家统计局国民经济和社会发展统计公报资料显示，2018年全年国内生产总值（GDP）为900309亿元，城镇居民人均可支配收入为28228元。相比1998年，我国国内生产总值增长了9.05%，城镇居民人均可支配收入增长了5倍，20年间中国的国民经济得到持续快速发展，人民生活水平和消费水平得到显著改善。

伴随着国民经济的持续快速增长，我国劳动就业人数不断增长，我国劳动争议数量也逐年增多。据中国国家人力资源和社会保障事业发展统计公报的数据显示，2018年全国城镇就业人数为4.3823亿人，1998年至2018年的20年间，全国城镇从业人员增加了2.3145亿人。在劳动争议方面，2018年全年各级劳动人事争议调解组织和仲裁机构共受理劳动人事争议案件89.4万件，结案88.4万件。与1998年相比，2018年处理的劳动争议案件数量约为1998年（9.4万件）处理案件的10倍。

劳动争议案件数量的增长趋势显示了当今我国劳资关系的发展现状，劳资矛盾是客观存在的。有学者认为劳资矛盾进入了高发期、多发期和冲突期（杨琳，2009；常凯，2009），我国的劳资矛盾及冲突趋势也逐渐加剧（姚先国 等，2004）。总体来看，劳资关系矛盾和纠纷在非公有制企业中表现得较为激烈，国有企业的劳资冲突程度虽然低于非公有制企业，其员工对冲突的心理容忍程度却低于非公有制企业。整体而言，非公有制企业中的劳资冲突仍然处于可控范围（李培林，2005；杨文伟 等，2012）。

学者们除了探讨雇佣双方矛盾在中国的发展现状，还对雇佣双方矛盾的负面影响进行了探讨。这些影响主要体现在三个方面：经济成本和企业损失的增加、社会秩序的破坏及相当程度的政治影响（常凯，2009）。同时有学者指出，劳资矛盾和冲突会引起社会危机（吴忠民，2000）。相关学者也从实证分析的角度探讨了劳资冲突的影响因素，如劳资冲突与社会公平之间的线性关系较为显著（李培林，2005）。由于我国现阶段处于经济转型时期，也有学者从社会背景的角度对劳资矛盾和冲突进行了深入探索，认为我国的劳资冲突经历了由知识精英主导的进取性争权活动到以工农为主体的反应性维权抗争活动的转变（于建嵘，2009）。劳资矛盾和劳资冲突会影响人们对整个社会公平的判断，能够决定社会稳定与否，是判断是否会产生严重社会危机的重要依据。因此，如何对企业劳资冲突进行管理已经成为关系到整个社会稳定与否以及各种类型的企业生存和发展刻不容缓的主题事件，寻求劳资冲突的适宜的处理方式是构建和谐劳资关系的关键。

与此同时，我国企业人力资源管理由“粗放时代”进入“变革时代”，企业正在从“成本逐利”向“人才逐利”的方式转变。波士顿咨询研究预测，到2030年，中国GDP预计将超过10万亿美元。但是这一增长并非源自中国劳动力规模的优势，而是得益于能够提高人均产出和生产力的人力资源能力。中国科学技术发展战略研究院最新发布的《2018年全球创新指数报告》显示，中国创新能力稳步上升，国家创新指数排名在全球30个主要国家中升至第17位。报告显示，中国创新指数排名的上升主要归功于知识创造能力的提高和创新环境的改善。报告同时指出，中国创新基础仍比较薄弱，提升创新能力仍需长期持续努力。党的十九大报告也提出，“加快建设创新型国家”，明确“创新是引领发展的第一动力，是建设现代化经济体系的战略支撑”。而建设创新型国家的关键是创新人才。IBM公司在对60个国家的1500位首席执行官调查时发现，他们将创造力视为最重要的领导能力。管理大师彼得·德鲁克在1991年东京创业教育国际会议上指出：“任何敢于面对决策的人，都可以通过学习成为一个创业者并具有创业精神。创业是一种行为，而不是个人性格特征。”可见，创新创业人才并非天生的，而是完全可以通过后天培养的。因此，如何培养企业人力资源的创新行为，以提高整个企业，进而提高整个国家的创新精神具有划时代的意义，企业人力资源创新行为提升的研究顺应了我国当前创新发展的社会大背景，具有现实的实践意义。

1.2 研究问题与研究目的

劳资冲突的表现形式是多样的，包括罢工、怠工、违反工作制度、工作不努力、偷懒，等等。冲突是被视作劳资关系的关键因素还是辅助因素，取决于个体对这种关系的概念化或对这种关系的历史根源、功能及结构的更为广泛的视角。基于个体研究的视角，同时追根溯源，从产业关系学者的视角，劳资关系是具有对立利益的劳工层和管理层两方所具有的一种多元化的、复动机的关系。劳资冲突管理行为即通过不同的冲突管理方式来改善劳工方和管理方二者之间的冲突，以帮助提高管理效能。冲突管理方式和劳工层的建言能够正向影响员工效能和企业绩效。Ichniowski（1992）对制造企业的数据调查显示，劳工申诉率与劳工生产率和生产质量显著正相关，与劳工成本和单位生产成本显著负相关。而由劳工管理合作计划引入所导致的申诉率的下降则对改善的生产力和生产质量起显著的积极影响。因此，合理的冲突管理方式对组织绩效是极为有利的。

另一个劳资关系的研究视角则源于人力资源管理实践视角，一个正式的冲突管理程序是人力资源管理实践的组成部分。例如，Mitchell等（1990）通过对美国公司495个商业企业的调查研究发现，人力资源管理实践的正规化，包括一系列冲突管理程序，能够以资产或投资的方式、每单位员工创造的收益进行回报。

Huselid（1995）对全美855家企业的研究表明，高绩效工作系统中的冲突管理方式能够显著正向影响员工的生产力，显著负向影响员工离职率。同时，结果也出现在Arthur（1992）对钢铁行业的调查中。Ichniowski等（1997）的研究指出，创新性的人力资源管理实践活动，包括正式的冲突处理程序，能够显著正向影响企业生产力和产品质量。MacDuffie等（1995）对跨国信息行业的调查数据也表明，人力资源管理和企业绩效之间存在显著的正相关关系。Smith在研究中指出，创新性的人力资源管理实践特别是员工对决策制定的参与对组织绩效具有显著的正相关关系，这些人力资源管理实践包括员工申诉处理程序。

综观劳资冲突管理行为的相关文献，我们发现，西方现有的劳资关系研究主要关注于集体谈判、工会等宏观理论研究视角，实证研究仍需进一步充实。同时，现有研究主要集中在以美国、欧洲国家等为代表的西方国家，中国情境中针对劳资冲突管理行为的研究还处于开拓性阶段。因此，本书将基于中国情境，探讨劳资冲突管理行为对员工创新工作行为的影响机制，从而进一步完善劳资冲突管理行为的后向研究。

新行为主义的代表人物班杜拉认为，人的行为受三种因素的交互影响：主体（人）、行为和环境之间的关系，用B=F（P，E，B）来表示，如图1-1所示。其中B、P、E分别代表行为、主体和环境，图中双向箭头表示两个因素之间的交互关系。班杜拉特别指出，B、P、E三个因素不均等地影响思想和行为，三个因素中的任何一个因素都不可能单独决定行为，三个因素交叉互动影响。班杜拉的思想为研究者们提供了一个从个体与环境的交互视角来探讨行为产生的规律，因此员工创新行为的研究可从个体和环境的交互视角来进行。创新对组织绩效具有非常关键的作用，特别是在当今快速变革和高速竞争的环境中。在工作场所中冲突是不可避免的，冲突产生的原因多种多样。员工和主管之间的冲突是否有益取决于多种因素。如果发生冲突时，主管能够求同存异，致力于共同目标的完成，即采取合作型的冲突管理方式，最终产生一个双方都能接受的解决方案，则员工对工作的内在动机得到满足，在工作中得以参与，就会形成对工作有一定掌控的感知，认为自身的工作非常有意义，心理形成授权的感知，当遇到问题时，就能与主管一起讨论、辩论，从各自的观点出发，产生有创新性的解决方案，激发员工的创新行为。相反，如果主管与员工发生冲突时，总是从自身观点出发，只顾完成自身的工作目标，不进行有建设意义的辩论，将不利于创新解决方案的产生，这种管理过程学者们称为“创意磨损”（Leonard et al.，1999）。因此，只有当个体间的沟通不畅并且冲突得到合理的处理时，创新行为对组织的积极影响才能得到实现（Giambatista et al.，2010）。因此，本书将探讨劳资冲突管理行为（环境视角）是否能够通过心理授权（个体视角）对员工创新行为产生影响，并探讨政治技能（个体视角）对员工创新行为的影响，以及心理授权（个体视角）和政治技能（个体视角）是否对劳资冲突管理行为（环境视角）和员工创新行为产生联合效应。

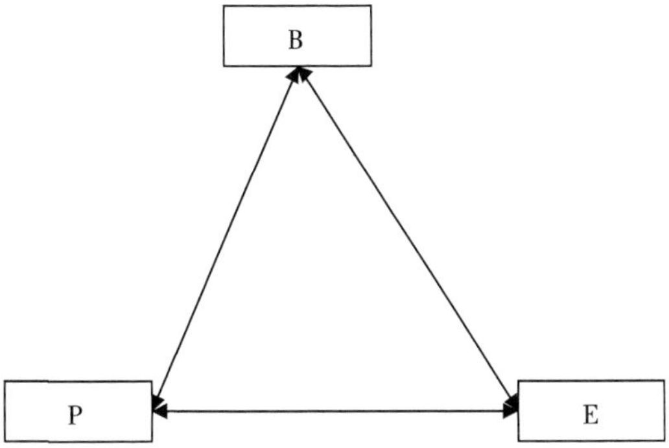

图1-1 个体行为三元交互模型

资料来源：班杜拉. 社会学习理论[M]. 台北：桂冠图书公司，1995.

政治技能是一种能够通过他人来提高控制感并且处理事情的能力，政治技能高的人在工作中能够通过影响他人来获得成功。Ferris等（1999）认为政治技能能够建立自信和个人安全感，因为人们能够通过被工作中的其他人理解，并且控制他们的策略获取他们所需要的一切。因此，政治技能是一种情感资源，是一种个体独特的应对资源。当个体感知与他人的冲突增加时，低政治技能的个体比高政治技能的个体被报告有更多的心理焦虑感和身心抱怨。因此，高政治技能的个体能够改善冲突所带来的负面影响。而且高政治技能的个体往往需要体验一定程度的刺激才能产生对其所在环境的舒适感（Perrewe et al.，2004），因为对政治技能高的人而言，能够产生压力的刺激对他们来说更是一种受欢迎的挑战。因此，政治技能是否能够调节冲突管理对心理授权或创新行为的影响将是本书的另一个研究目标。

本书的主要研究目的在于探讨劳资冲突管理的新路径，基于劳资关系视角分析冲突管理、心理授权和政治技能三个要素如何影响员工创新行为。具体而言，主要探讨：

（1）劳资冲突管理对员工创新行为的直接影响；

（2）心理授权在劳资冲突管理行为与员工创新行为之间的中介作用；

（3）政治技能在劳资冲突管理行为与员工心理授权之间的调节作用；

（4）心理授权和政治技能在劳资冲突管理行为与员工心理授权之间的联合效应。

1.3 研究意义

1.3.1 理论意义

（1）本书较早地在中国情境下，探讨劳资冲突管理行为对员工创新行为的影响。工作场所中的冲突是不可避免的，冲突对于个体和组织具有积极和消极的双重功效。特定的冲突感知能够激发个体关于不同来源的想法和观点是否兼容的信念，这可能将使个体成员将不同的想法整合在一起从而产生创新方案。George等（2005）在研究中指出，既然冲突是不可避免的，如果对冲突进行精心管理和谈判，冲突则能够提高组织绩效。Miron-Spektor等（2011）指出，那些采取反常思维的个体比那些没有采取的个体更具有创新性，因为前者能更为有效地整合矛盾。冲突管理意味着整合的复杂性，对充满矛盾的观点和想法进行调和的一种能力。Chua（2013）指出，个体周围的社会文化环境，如文化差异所带来的冲突能够影响个体的创新性思维。已有的有关冲突管理对员工创新行为的影响多建立在团队层面的研究，而对于劳资关系视角，即员工和管理层的冲突管理研究却仍处于开拓阶段。同时，中国的文化背景和经济环境与西方存在显著不同，以西方国家为背景建立的冲突管理理论对中国员工的影响是否具有同样的适用性和有效性，这有待我们进一步讨论。因此，在中国文化背景和经济环境下探讨劳资冲突管理行为对员工创新行为的影响机制，不仅可以检验国外冲突管理理论的一般性，也可以进一步拓展中国劳资冲突管理行为理论的延伸。

（2）本书较早地对劳资冲突管理对员工创新行为影响的作用机制进行了研究。虽然已有研究验证了不同类型的冲突管理方式对员工行为的影响，但对冲突管理方式如何影响员工创新行为，即二者的作用机制的实证研究则涉及较少，因此，本书主要以心理授权为中介机制，从心理学的角度对二者之间的关系进行探讨。

（3）本书的另一贡献在于扩展了关于创新行为研究的范围。以往关于创新行为的研究多聚焦于提升个体和团队创新行为的影响因素（Hennessey，2010）。而对破坏创新行为的条件却较少进行检验。Mannix和Neale（2005）发现，团队多样性对创新行为具有负向影响，因为它产生了社会分工。本书同时探讨竞争型的冲突管理方式对创新行为的影响，说明了个体不是单一地陷入社会冲突中，从而影响个体创新行为的发展，还应同时考虑冲突管理风格等环境因素的积极影响和消极影响。

（4）本书首次将政治技能纳入冲突管理与员工心理授权的研究范畴。政治技能作为个体的一种独特的情感资源，强调个体的情感状态在处理冲突管理时对员工心理授权的影响。本书同时研究环境因素（冲突管理方式）和个体因素（员工政治技能）对员工创新行为的影响。这种交互的研究视角对目前有关创新行为的研究是一种非常有益的补充。

1.3.2 实践意义

（1）在全球多样化的环境中，冲突不可避免。在中国情境下，选择适宜的冲突管理方式对企业的生存和发展具有现实的实践意义。近年来我国发生多起企业冲突群体事件，员工和公司（或管理层）之间的劳动争议事件已经引起社会的广泛关注。工作场所的冲突无处不在，企业或管理层如何正确处理与员工之间的冲突，将冲突的负面效果降低到最低，避免将冲突事件社会化或上升到集体事件，对企业来说，劳资关系的冲突管理方式至关重要。本书正是基于劳资关系的视角，针对冲突管理对员工的工作行为，特别是创新行为进行探索性研究，对企业进行劳资冲突管理具有一定的借鉴意义。

（2）本书为企业管理层如何提升员工创新行为提供了建议。企业可以通过改善社会交换关系、提升员工对心理授权的感知提升员工的创新行为。当冲突发生时，组织应该激励管理层通过选择合适的冲突管理方式来建立与员工之间的高质量的社会交换关系。组织可以通过培训等方式来培养管理层或员工的冲突处理技能。以往的研究表明，高质量的社会交换关系能够培育一个自主的工作环境，使得个体能够负责任地指导和协调他们的工作行为。因此，企业可以通过培训有关冲突管理、政治技能提升等方面的知识，来培育一个高参与度、高协作性的工作环境，同时不断地鼓励组织中的个体将冲突转化为接受挑战的工作动机，共同实现组织目标，并通过持续的创新行为提高组织绩效。

1.4 研究框架及研究内容

1.4.1 研究框架

基于上述分析，本书拟建立研究框架，如图1-2所示。其中，劳资冲突管理行为为自变量，员工心理授权为中介变量，员工创新行为为因变量，政治技能为调节变量。

具体来讲包括四个方面：

（1）探讨冲突管理行为对员工创新行为的直接影响；

（2）探讨心理授权在冲突管理行为与员工创新行为之间的中介效应；

（3）探讨政治技能在冲突管理与员工创新行为之间的调节效应；

（4）探讨心理授权、政治技能两个变量在冲突管理与员工创新行为之间的联合效应。

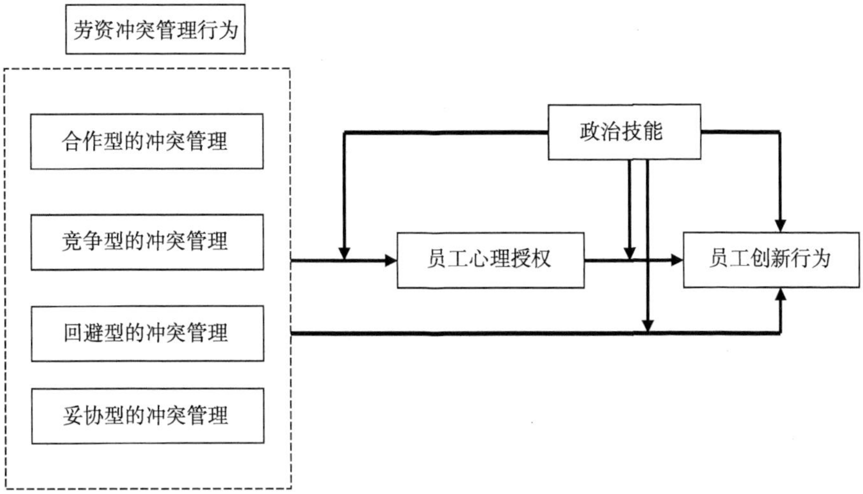

图1-2 理论模型

1.4.2 研究内容

本书的主要研究内容包括六大部分，具体为：

第一部分是绪论。主要介绍了本书的研究背景、研究问题和研究目的、研究意义、研究框架和研究内容、研究方法、技术路线。首先介绍中国的劳资关系现状，指出劳资冲突管理行为的必要性；接着提出本书的三个主要的研究问题，主要探讨劳资冲突管理行为对员工创新行为的直接影响，心理授权在劳资冲突管理行为与员工创新行为之间的中介作用，政治技能在劳资冲突管理行为与员工心理授权之间的调节作用；基于以上研究目的，指出本书的理论和实践意义，并对主要的研究内容进行了总结，接着阐述本书主要采取理论演绎和实证研究相结合的方法，最后描述本书的技术路线。

第二部分为文献回顾。本部分先后对冲突管理、心理授权、员工创新行为、政治技能等构念的概念、测量、前因变量和结果变量进行了较为详细的文献回顾，揭示了各个构念之间可能隐含的潜在关系，为第三部分理论假设的提出提供了充分的理论支持。

第三部分为理论基础与研究假设的提出。本部分主要以认同理论和社会交换理论等为理论基础，提出了冲突管理、心理授权、员工创新行为、政治技能四个构念之间的一系列假设。

第四部分为研究设计与小样本预测试。首先，介绍本书调研问卷的设计原则和程序；其次，依次介绍冲突管理、心理授权、员工创新行为、政治技能四个变量所采用的测验量表；最后，通过实地调研与小样本测试，对相关量表测项进行了检验，从而确定最终的调研问卷。

第五部分为实证分析与假设检验。本部分通过对回收问卷的数据分析，对本书构建的理论模型和研究假设进行了检验。首先，阐述本次调研对象、调研方式及调查过程；其次，对测量量表的信度和效度进行分析；再次，采用结构方程模型和线性回归，对本书提出的假设进行检验；最后，对本书提出的假设进行汇总和讨论。

第六部分为研究结论与未来展望。首先，对本书的主要研究结论进行总结；其次，提出本书的主要理论贡献和管理启示；最后，指出本书可能存在的不足，并对未来的研究方向进行展望。

1.5 研究方法

本书采取理论演绎和实证研究相结合的方法，具体如下：

（1）文献研究和理论演绎。以社会认同理论和群体价值理论、社会网络理论等为理论基础，结合产业经济学、人力资源管理、组织行为学、心理学等多个学科领域的研究视角，对冲突管理、心理授权、员工创新行为、政治技能的国内外文献进行了较为全面的回顾，并在此理论基础上，对劳资冲突管理行为对员工创新行为的直接影响，心理授权在劳资冲突管理行为与员工创新行为之间的中介作用，政治技能在劳资冲突管理行为与员工心理授权之间的调节作用进行了理论推理和定性演绎，为本书的后续研究提供了一个清晰的理论框架和逻辑关系。

（2）实证研究。本书采取问卷调查和深度访谈相结合的实证研究方法。问卷调查可以为实证研究中选择合适的研究变量、修正理论预期和实证模型提供帮助，深度访谈则可以获得冲突管理、心理授权、员工创新行为、政治技能四个构念之间关系的具有实践意义的反馈与建议。本项目主要采用SPSS18.0，LISREL8.70统计分析软件对问卷进行分析。主要涉及的统计方法包括：信度分析、效度分析、验证性因子分析、单因素方差分析、回归分析等，对冲突管理、心理授权、员工创新行为、政治技能四个构念之间的关系进行较为全面的分析。

1.6 研究的创新点

本书存在以下创新点：

（1）本书通过构建和验证中国情境下劳资冲突管理对员工创新行为影响过程中心理授权的中介效应路径和政治技能的调节效应路径，深入地探讨了组织情景因素和个体因素对员工创新行为的交互影响。具体探讨合作型的冲突管理行为、竞争型的冲突管理行为、回避型的冲突管理行为、妥协型的冲突管理行为、迁就型的冲突管理行为五种冲突管理行为对员工创新行为的直接影响及心理授权的中介效应、政治技能的调节作用及心理授权和政治技能的联合效应。为进一步完善劳资冲突管理理论及创新行为理论提供可能性，同时为企业提高员工创新行为提供可能的策略和建议，即企业可以通过选择不同的冲突处理方式，进一步关注员工心理授权，提高员工政治技能等途径来提高员工创新行为，从而提高组织创新绩效。以往学者或仅关注于探讨组织环境因素对创新行为的影响，或仅关注探讨个体因素对员工创新行为的影响，对组织环境因素和个体因素联合分析的研究仍需进一步完善和充实，本书基于交互分析的视角是可能的创新点之一。

（2）本书以社会交换理论为理论基础引入中介变量心理授权。根据社会交换理论，Flynn（2005）认为员工所采取的交换方式与他们获得他人的认同方式密切相关，认同导向帮助员工根据自身所处情境定义他们自身（Albert et al., 2000）。当雇主（管理层）与雇员（员工）发生冲突时，雇员（员工）所采取的交换方式与雇主（管理层）对他们的认同方式（即冲突管理行为）密切相关，同时员工根据这种认同方式来定义他们自身，从而形成对工作意义、自我决定、胜任力、影响力等心理授权因素的感知，最终决定采取何种交换行为（是否有创新行为）。通过社会交换理论引入中介变量心理授权，深入地解释了冲突管理行为对员工创新行为的影响过程，同时也为企业提高员工创新行为提出了可能的建议，即企业可以通过提高员工心理授权，促进员工创新行为产生的可能。

（3）本书通过对政治技能在冲突管理行为对员工创新行为影响机制中的调节效应的分析，依次构建政治技能的直接调节效应模型、有调节的中介效应模型、有中介的调节效应模型，一方面检验了政治技能对创新行为的直接影响，另一方面检验了政治技能和心理授权在冲突管理行为对员工创新行为影响中的联合效应，深入地分析了个体因素在冲突管理行为对员工创新行为的影响作用机制，进一步提出，企业在通过选择不同的冲突管理方式来提高员工创新行为的同时，也要关注员工政治技能水平的提高。

1.7 技术路线

本书通过对冲突管理、心理授权、员工创新行为、政治技能四个构念之间的关系的分析，探讨劳资冲突管理行为对员工创新行为的作用机制，主要遵循以下技术路线，如图 1-3 所示。具体流程如下：

首先，根据本书的研究目的和研究内容，对涉及冲突管理、心理授权、员工创新行为、政治技能四个构念的文献进行检索和梳理，以建立初步的理论框架和模型，并对构念之间的关系提出相关的研究假设。

其次，通过文献回顾设计中国情境下的有关冲突管理、心理授权、员工创新行为、政治技能四个构念的测量问卷，选择青岛、烟台、威海山东省三个地区的相关企业进行预调研，从而对中国情境下四个构念的测验量表的有效性进行初步检验。

再次，在预调研基础上，进行跨省份的大规模调研，涉及区域包括北京、河南、山东、江苏、上海等省市。

最后，采用调研数据对冲突管理、心理授权、员工创新行为、政治技能四个构念之间的关系进行验证，对结果进行分析和讨论，并提出相关建议和对策，同时指出研究不足之处，并对未来研究进行展望。

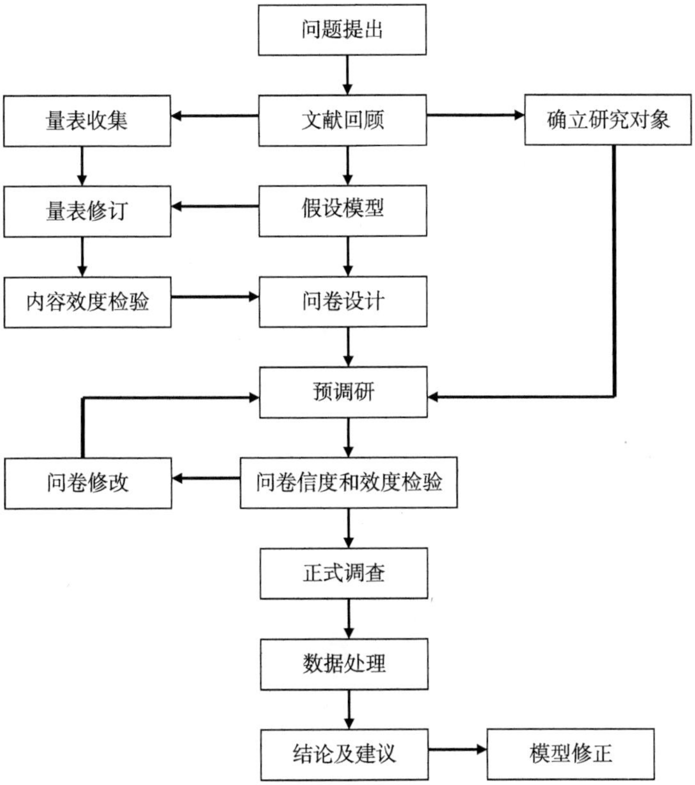

图1-3 研究路线图

具体章节安排如下：

第一章绪论。主要介绍本书的研究背景、研究问题与研究目的、研究意义、假设模型框架、研究内容、研究方法、技术路线等。

第二章文献综述。围绕研究变量进行文献综述，包括劳资冲突管理、创新行为、心理授权、政治技能四个变量的文献回顾和分析。

第三章理论基础与研究假设。以冲突认同理论和社会交换理论为理论基础，在文献综述的基础上对研究变量提出一系列研究假设。

第四章研究设计与小样本预测试。在国内外研究成果的基础上设计测量量表，并进行小规模预测试。

第五章大样本调研。进行大规模调研，进行信度和效度检验。

第六章人口统计学变量与心理授权、员工创新行为的关系研究。分析人口学统计变量对心理授权和创新行为的影响，从而确定研究中的控制变量。

第七章心理授权的中介效应检验。检验心理授权在劳资冲突管理行为与员工创新行为之间的中介效应。

第八章政治技能的调节效应检验。检验政治技能在组织创新气氛与员工创新行为之间的调节效应，并探讨心理授权、政治技能二者在劳资冲突管理行为与员工创新行为之间的联合效应，包括有中介的调节和有调节的中介作用。

第九章主要研究结论与未来展望。对前面的实证研究结论进行归纳总结，总结本书的创新点，并且对未来需要进一步研究的若干问题进行了展望。

第2章 文献综述

2.1 劳资冲突管理

2.1.1 冲突管理

几十年来，心理学和组织行为学的学者们对工作场所冲突的积极和消极性功效进行了深入的探讨。一方面，冲突与学习、高水平创造力、创新紧密相联，因而冲突能够提高群体决策的质量，增加团队的总体效能。一些学者在探讨冲突的积极性作用时发现，在与冲突相关的问题中，与任务相关的问题和有关人际关系的问题相比，冲突能够产生更加积极的功效（Amason，1996；Jehn，1994）。另一些学者则探讨了可感知的冲突情境及冲突管理方式所带来的积极功效，发现可感知的合作式的目标的相互依存性和有建设性意义的争论，与可感知的竞争性的目标的相互依存性及缺少有建设性意义的争论相比，能够产生更多的积极功效（Tjosvold，1998）。以上研究表明，工作场所冲突是可取的，在可能情况下应该受到欢迎并不断得到激发（Pondy，1992）。正如Van de Vliert等（1994）所言，在过于和谐或对抗的情境下，通常鼓励和强化冲突而不是预防和缓解冲突。George等（2005）更是指出，目前关于冲突的观点是，既然冲突是不可避免的，如果对冲突进行精心管理和谈判，则冲突能够提高组织绩效。另一方面，冲突能够产生较高的时间和经济成本，这些成本则被分摊到特定的个体、团队及组织中。De Dreu等（2007）通过研究发现，工作场所的冲突由于占用了组织中的时间和其他资源，会产生类似不能及时完成工作任务、减少对顾客的关注及失去瞬时商业机会的现象；整合性的冲突管理虽有益于谈判各方，但往往以参与者的花费为代价；冲突是充满压力的，伴随着思维的刻板、身心的抱怨及倦怠感。鉴于冲突对个体、团队、组织的积极和消极功效，如何进行有效的冲突管理对组织而言是非常重要的。

1.概念界定

西方经典冲突管理理论主要建立在Blake和Mouton（1964）提出的管理方格理论基础之上。该理论依据关心维度，将横坐标定义为“对人的关心”，纵坐标定义为“对生产的关心”，提出五种冲突管理模式：问题解决（problem-solving）、调和（smoothing）、强制（forcing）、退让（withdrawal）和合作（sharing）。Rahim等（1995），Thomas和Kilmann（1975）在管理方格理论的基础上，对该模型作了进一步的发展，认为当冲突发生后，冲突双方有两种可能的反应：关心自己和关心他人。其中“关心自己”表示在追求个人利益过程中的独裁程度；“关心他人”表示在追求个人利益过程中的合作程度，从而用五种冲突处理模式描绘了组织工作团队中存在的冲突管理，分别为回避、迁就、竞争、合作和妥协的冲突管理模式（avoidance，accommodation，competition，collaboration，compromise）。回避的冲突管理行为以闪烁其词，不能面对他方为特征，总的来说人们对冲突的观点和结果表现比较淡漠。迁就的冲突管理行为以为他人考虑为主要特征，愿意将他人的利益放在自己的利益之上。竞争的冲突管理行为只考虑一方利益而不考虑其他人的利益。这种行为包括信息独享、竞争及对其他解决方案持负面态度，其典型表现为一方对其他人的权力支配。合作的冲突管理行为表现为试图将所有人的利益整合在一起，这种行为强调对其他人观点的开放性，客观考虑所有信息，共同努力解决问题，达到一个共同的最佳解决方案。妥协的冲突管理行为表现为将自己和他人的观点进行折中，双方承认优势差异，然后共同找出一个双方都可以接受的方案。在Thomas和Kilmann（1975）的冲突管理理论的基础之上，大量学者依据研究领域和角度的不同，或者仅关注五种冲突管理模式中的若干种，而对冲突管理模式、风格和策略进行了广泛而深入地探讨。如Tjosvold等（2010）将冲突管理划分为三种类型：合作、竞争和回避的冲突管理方式。Behfar等（2008）通过对57个自治团队的定性分析，对不同的冲突管理方式、团队绩效和满意度之间的关系进行检测，研究表明，提高或保持团队绩效，有三种冲突管理方式：注重人际交往的内容而不是方式，在接受和分配工作任务时进行明确的商讨再行决策，将工作指派给相关专业人员而不是一般人员，比如志愿者、弃权者或方便者。Song（2011）探讨了在虚拟制造组织中建立广泛的冲突管理机制来保持合作关系的稳定性。这个冲突管理机制将不同类型的冲突转换成每一位合作伙伴所预期的成本和利润，极大地简化了不同类型的冲突管理过程。为了支持这个冲突管理机制，专门为各个地区的合作伙伴设计了一个整合各个分散信息系统的数据库。这个数据库包括如下功能：动态成本规划、审计，合作伙伴属性，冲突分析和解决，利益分享管理，依靠信息系统的发展，将一些人工技能嵌入到问题解决方案中去。

以上关于冲突管理的概念是建立在冲突主体双方的范围之上，而当冲突双方不能有效地解决冲突问题时，第三方则被引入。组织领导者的第三方角色从外部机构的第三方到在冲突中保持中立（例如，外部调解员、机构监察员）而区分为三种形式（Pinkley et al.，1995）。精神分析学家Horney（1945）描述了人们在面对冲突时的三种行为倾向：赞同他人（moving toward others），反对他人（moving against others），回避他人（moving away from others）。例如，内向性是问题解决（moving toward others）和强制行为（moving against others）的结合。Karambayya等（1992）采用独裁（moving against）或调和（moving toward）行为来处理冲突双方的问题，力图赢得冲突各方的关注，并激励他们寻求问题的解决方案。另外，领导者在面对有威胁感的冲突时，会力图寻求回避式的行为以免介入到冲突中去（Sheppard，1983）。因此，Pinkley等（1995）将领导者的回避行为（moving away）加入到领导者的第三方冲突管理行为中去。Romer等（2012）在探讨领导者的第三方冲突管理行为在员工冲突和压力之间的调节作用时指出，领导者的第三方冲突管理行为包括问题解决（problem resolving）、强制（forcing）及回避行为（avoiding）。其中“问题解决”是指积极寻找一个能够满足各方需求的解决方案；“强制”是指领导者对争议方所偏好的解决方案施加影响，或者推动任一解决方案直到纠纷终止；“回避”是指领导选择不介入到冲突中去。组织中的冲突很可能会增加员工压力，因为他们能够减弱员工的自尊，降低员工对周围环境的控制感。

2.测量

从以上对冲突管理概念的界定可以看出，学者们对冲突管理的内涵理解存在一定的差异性，因而所开发的量表也存在着一定的差异，目前冲突管理的测验量表主要包括自陈量表和实验操作。

（1）自陈量表式。最早的冲突测量调查表是由Kilmann等（1977）开发的，但由于其心理测量质量较低而受到学者的批评，Rahim（1983）开发的组织冲突量表（ROCI Ⅱ）以此为基础进行了大幅改善，该量表包括A、B、C三种形式，分别代表与老板的冲突、与员工的冲突、与同事的冲突，每种形式都包含五种冲突管理的维度，共26个题项，例如“有时经过老板同意，我会帮他制定决策”。量表采用5点计分，其α系数在0.72~0.77之间，内部一致性信度较好。虽然该量表的设计达不到最佳的心理属性，但后期学者大量采用该量表或在该量表基础上进行修正性研究。

Chen等（2005）在测量合作性、竞争性冲突管理方式时，结合Tjosvold（1998）的实验室研究及Barker等（1988）的系列调查量表，编制了5个题项的合作性冲突管理量表，包括强调共同目标、理解他人观点、共同利益的方向及联结不同职位找出最佳解决方案等，如“团队成员寻求一种有益于所有人的最佳解决方案”，该测量采用7点计分。竞争性冲突管理方式采用四题项量表，例如“团队成员将冲突视为一个有输有赢的竞赛。”回避性冲突管理方式采用Barker等（1988）的四题项量表，例如“我们尽量避免讨论会造成彼此不和的问题”。该量表整合了以往多位研究学者的研究量表，显示出较高的内部一致性信度：合作性（0.95）、竞争性（0.93）、回避性（0.90）。但该量表是针对高层管理团队所研发的，因此在研究对象不同的情境下，需要作进一步的修订。

De Dreu等（2001）编制了一个经理人员冲突管理行为的测验量表，该量表包括三个维度，即回避、合作及独裁的管理行为，采用5点计分，1代表“非常不同意”，5代表“非常同意”。具体题项如，合作的冲突管理行为，“当冲突发生时，经理强调找到一个有利于每个人的方法是很重要的”；独裁的冲突管理行为，“分行经理允许员工争论直到某人胜出”；以及回避的冲突管理行为，“分行经理不会讨论会导致冲突发生的问题”。已有研究表明，该量表信度较高，其α系数分别为0.74、0.61、0.70（Gelfand et al.，2012），由于此量表是针对一个大型银行机构的各个分行经理而设计的，因而题项的设计与银行业有关。另外该测验量表仅仅包括三个维度的冲突管理行为，并未考虑组织中其他可能存在的冲突管理方式，未来的研究应考虑从被动和主动两个角度进行冲突文化的深入研究。

（2）实验操作式。Behfar等（2008）在检验不同的冲突管理方式、团队绩效和满意度之间的关系时，采用参与式内容分析法进行冲突管理的测量，研究对象是252名一年级的工商管理硕士（MBA）学员。调查包括两部分：第一个研究是让MBA学员回答与课题有关但与研究无关的开放性和封闭性问题；第二个研究包括两个开放式问题，要求学员描述他们在第一个研究中接受工作任务时发生的冲突，以及是如何管理这些冲突的。问题包括“你们团队中存在什么样的冲突或不一致?”“你们团队如何管理或解决这些冲突或不一致?”“这些不同的冲突管理如何带来积极的或消极的结果?”“冲突管理的成功与失败是否反映在团队制度的变革中?”第一步，将第一个开放性问题分解成单个语句。例如，一个受访者的回答是：“制定任务后没有跟进或没有付出相应的努力。观点虽然与项目严格相关，但经常受团队成员个人观点所影响”。这个回答被分解成两个部分，分别为“制定任务后没有跟进或没有付出相应的努力”和“观点虽然与项目严格相关，但经常受团队成员个人观点所影响”。之后，由24个技术专家组成一个团队，对所产生的235个与冲突相关的表述设计一个九分量表，每一个表述至少由2个专家评估是否与冲突相关。第二步，对于冲突管理方式，同样将受访者的冲突管理方式分解成单个语句，最后产生210个关于冲突管理方式的语句，并与上面同一受访者的冲突类型相匹配。第三步，进行多维尺度、聚类分析及集群标签，得出一个冲突管理的概念图。研究认为解决冲突的策略包括转换责任、避免或忽视、异质性解决方案、开放式沟通、商讨或辩论、妥协或达成共识。该研究的冲突管理方式是建立在团队基础之上的，而不是个体冲突处理方式，与以往研究相比，该研究的角度更加细致。研究还发现，由参与者驱动的团队层次的冲突管理分类比个体层次的冲突管理分类更加分散。

3.前因变量

对冲突管理影响因素的探讨涉及以下问题的回答：为什么要对工作场所冲突进行管理？在什么情境下需要对工作场所冲突进行管理？如何对工作场所冲突进行管理？本部分主要从组织因素、领导因素、个体因素三个方面对相关研究进行梳理。

（1）组织因素。现有研究主要从组织层级、组织公平、组织学习、组织文化四个方面分析了组织相关因素与冲突管理之间的关系。

组织层级是组织的基本特征之一，根据组织层级进行冲突管理风格的辨识有利于组织人员的培训和组织发展。Blake和Mouton（1964）研究了组织中8个不同层级的冲突管理风格，自下而上涉及基层主管和董事会主席。研究之初为每个经理估算了一个“管理绩效商数”，经理的管理风格则由团队进行一致性商讨得出。通过研究发现，对冲突采用合作和竞争管理风格的经理从低管理绩效商数不断显著增加到高管理绩效商数；而采取妥协、迁就和回避的冲突管理风格的经理其管理绩效商数呈下降趋势。因此得出一个结论，组织层级与独断风格，如竞争风格而不是合作风格的冲突管理显著正相关；组织层级与非独断风格，如迁就的而非回避的冲突管理显著负相关。Brewer等（2002）的研究表明，组织层级与合作的冲突管理风格显著正相关，与回避的冲突管理显著负相关。由于前面的研究均采用小样本书，且样本均局限于地区公司的团队组织，并且考虑的组织层级较少，Thomas等（2008）提供了一个更加详细的检验，以验证冲突管理模式会随组织层级和性别而变化。研究结果表明，在较高的组织层级上，独裁（竞争和合作）的冲突管理会增加，而谦和（回避和迁就）的冲突管理会减少。妥协的冲突管理模式与组织层级呈现曲线关系，在最高和最低组织层级上的冲突管理均会减少。在性别方面，男性在竞争的冲突管理模式上得分最高，没有证据表明男性和女性在较高的组织层级上的冲突管理风格趋同。

组织中的管理者期望创建一个成员能够感受到公平、关心和开放的组织系统。因而关注公平和公平对待对组织战略及决策制定非常重要。如果不关注组织公平就会导致冲突的发生，以及组织功能失调。冲突会产生情绪成本。这些情绪成本包括发怒、持续不断地抨击竞争者或经常性为一个失去的机会而自责。如果管理者能更多地关注“组织公平”，则情绪成本会不断减少（Colquitt et al.，2006）。Giacomantonio等（2011）对意大利公共服务部门的员工进行的实证研究表明，可感知的领导者公平是进行冲突管理的有效方式，认知闭合性调节二者之间的关系。Bozac和Angeleski（2008）等认为组织中应该将情感冲突减少到最低，刺激和保持一定数量的认知冲突，并采取合适的冲突管理方式。Tatum和Eberlin（2008）检验了组织公平与冲突管理之间的关系，实证结果表明，对组织公平问题敏感的经理在面对与员工的冲突时更可能意识到潜在的冲突，那么这个经理在解决冲突时最可能和最有益的方法就是合作。相反，对组织公平问题不敏感的经理更加关注程序而不是公平或过程的开放性。在一个潜存的高冲突的情境中，不关心组织公平的经理会倾向于寻求竞争或支配性的冲突解决策略。

组织学习是进行有效冲突管理和提高组织效能的关键因素，组织学习与冲突管理之间的关系值得进行深入探讨（Rahim，1983）。彼得·圣吉及其同事从系统论的角度描绘了学习型组织。在学习型组织中，企业培养员工创造性地学习系统思考的能力，教会员工正确识别可能与其他人、团队、部门发生冲突的原因，如何快速而有技巧地进行协商和平衡，改变冲突双方原先阐释问题和解决问题的方式。同时，学习型组织可以增强员工的自信，这种自信源于个体对自身和组织价值的清晰解析及对问题的主动解决。公司通过为员工界定本公司的使命和价值观，使员工学会评价自身行为对他人产生的影响，意识到潜在的冲突，及时解决问题，避免情绪冲突。

文化背景、传统价值观及社会制度在冲突管理方面也扮演着非常重要的角色。Ting提出了文化与冲突的关系理论，从文化价值差异的角度研究文化价值与冲突管理之间的关系。研究发现，与高语境中的人相比，低语境中的人更倾向于采取对立和直接冲突的态度，而高语境中的人更愿意采取非对立的和非直接冲突的态度。Tepper等（2011）指出，主管所感知到的关系冲突源自于主管与员工之间深层的差异性，这种差异性会引起对员工绩效的较低的评估，最终产生高水平的辱虐管理。Fitzpatrick（2007）等通过跨学科的文献研究整理发现，价值观一致性培育了合作，从而形成积极的冲突管理方法。Komarraju等（2008）检验了横向和纵向的个体主义—集体主义在冲突管理模式中的作用。个体主义导向（纵向、横向）的个体比较关注满足个体需要，因此与利他或回避的冲突管理方式相比，更易选择强制或支配型的冲突管理方式；集体主义导向（纵向、横向）的个体更可能为群体利益牺牲个体利益而选择整合的冲突管理方式。而且，横向的集体主义者更可能偏好利他方式，而纵向的集体主义者更偏好回避的冲突管理方式。该研究从文化取向的角度对冲突管理进行了深入探讨。

（2）领导因素。Altmaee等以Thomas-Kilmann的冲突管理模式及Fiedler的领导风格理论为基础，从理论和数据两个角度对冲突管理模式及领导风格二者之间的关系进行了分析。研究表明，根据Fiedler的领导风格理论，任务导向的领导者与支配性的冲突管理模式相比，更倾向于采用竞争的冲突管理模式，而关系导向的领导者更倾向于迁就的冲突管理模式。同时还检验了个体特征的影响，研究发现，年轻的经理更多的是任务导向型而年龄较大的经理则更多是典型的关系导向型，在进行冲突管理时更易倾向于回避式，男性与女性经理相比，更易倾向于迁就的冲突管理模式，有趣的是，女性更易采用竞争的冲突管理模式。该研究创新性地对Thomas-Kilmann的冲突管理模式及Fiedler的领导风格之间的关系进行了深入探讨。Doucet等（2009）探讨了管理者领导风格（变革型，交易型，放任型领导）对工作场所冲突（认知、关系冲突）的层次及性质的影响效应。研究结果显示，一方面，两种冲突的产生机制完全不同，八个领导风格维度中只有两个对两种冲突具有影响效应。另一方面，激励动机对认知冲突具有负向效应而智力激励和过度的消极冲突管理似乎能够培养认知冲突。激励动机和个性化考虑对关系冲突具有负向影响，而过度的积极管理和过度的消极管理对关系冲突具有正向影响。

（3）个体因素。个体由于在情绪智力、性别、角色偏好等个体心理特征及人口统计特征方面的不同，在进行冲突管理时也会选择不同的处理方式。如Shin和Susanto（2010）以印度尼西亚地方政府为研究对象，检验了情绪智力和冲突管理模式、工作绩效之间的关系。研究证实，情绪智力是整合和妥协的冲突管理模式的前因变量，而且验证了整合的冲突管理模式对工作绩效的直接效应。同时发现，整合的冲突管理模式部分中介于情绪智力和工作绩效之间的关系。Desivilya和Yagil（2005）等检验了团队成员的情绪反应及感知到的冲突类型这两个前因变量对冲突解决模式的影响，研究结果表明，合作的（整合、妥协）冲突管理模式与团队内的正向情绪状态显著相关；争议的（支配）的冲突管理模式与团队内的正、负向情绪显著相关，回避的冲突管理模式仅与负向情绪相关。另外，负向情绪中介于关系冲突与支配性的冲突管理。Benharda等（2013）认为，当女性在组织冲突解决中充当第三方角色时，她们不通过权威的展示，但她们最终会促成一种结果，既能为冲突当事人所接受，又能满足组织利益。而男性在这方面则不如女性，他们在充当第三方角色时，更具有权威性。这种结果归因于女性在充当第三方角色时更倾向于回避，而男性在充当第三方角色时通常扮演代理行为的角色。Aritzeta等（2005）检验了个人团队角色偏好与人际冲突管理之间的关系，研究结果表明，个人团队角色偏好与支配、整合、回避、妥协和迁就的冲突管理风格密切相关。时间压力和团队学习调节团队角色和冲突管理风格之间的关系。Morrison（2008）以密西西比南部的三家健康服务中心的94名护理人员为样本，对情绪智力与冲突管理风格进行了检验。结果表明，高的情绪智力与合作的冲突管理方式正相关，与迁就的冲突管理方式显著负相关。

综上所述，现有研究对冲突管理影响因素的分析主要侧重于组织因素、领导因素和个体因素等研究角度，其中组织因素和领导因素从人们对周围环境的感知方面总结了冲突管理发生的原因，个体因素表明，冲突管理需要从个体间的心理过程差异入手，虽然冲突的归因并不在一个层次上，但不同影响因素之间是可以相互作用和相互影响的。

4.结果变量

对冲突管理影响结果的研究相比对其影响因素的探讨较少，现有相关研究表明，冲突管理会对组织绩效、创新、公平及员工情绪带来积极或消极的影响。

（1）冲突管理对组织绩效的影响。组织在制定具体决策时，职能经理会通过采用不同的冲突处理方式，来表达他们自己的观点及展示专长，并将其与其他部门同事进行比较。如果在处理冲突时，不采用整合的方式，职能经理很有可能在解决分歧时，仅关注强调他们自身的某特定领域的任务和技能，而很少关注于与他人共同合作来实现产品创新。因此跨职能公平在实现产品创新方面的程度取决于冲突管理的方式。Clercq等（2013）以200家加拿大公司为研究对象，在研究组织内部资源和冲突管理如何影响跨职能公平和产品创新之间的关系时指出，冲突处理机制是企业将公平的相互作用及跨职能公平转换为产品创新的关键能力。研究表明，企业内部高层的对抗会加剧跨职能公平与产品创新的负向关系。如果经理人员感知他们在竞争稀缺资源，则不愿意进行知识分享，相反，合作式的冲突处理方式有益于专业知识的共享，增进协同效应。Chen等（2005）对中国境内105个组织的378名经理人员进行了冲突管理与生产性冲突的研究分析，研究表明，冲突管理能够促进高层管理团队的有效性，合作式的冲突管理能够促进生产性冲突，进而高管团队的有效性能够带来组织创新。研究结果认为在中国集体主义的文化环境中，合作性的冲突管理是高管团队有效性的一个重要变量。相反，竞争性及回避性的冲突管理与生产性冲突负相关。与冲突的以往研究相比，以往研究往往强调冲突的存在性及冲突的多样性，Chen等的观点认为团队处理冲突的方法是极为重要的。研究进一步清晰了有关集体审议、心理安全及参与氛围的团队研究。研究认为妥善处理冲突及将反对意见最小化能够有效地减少团队进行决策时的不利影响。由于研究是在中国和谐、集体主义、讲究面子的文化情境中进行，因而回避式的冲突管理方式被认为是不现实的。Montoya-Weiss等（2001）以美国和日本的35个5人组的虚拟团队为研究样本，研究了不同类型的冲突管理行为与虚拟团队绩效之间的关系，研究表明，回避的冲突管理行为对虚拟团队绩效具有显著的负效应，临时协调能够弱化回避的冲突管理行为与虚拟团队绩效之间的负相关关系；合作的冲突管理行为与虚拟团队绩效显著相关，没有发现临时协调对二者的调节作用；竞争的冲突管理行为与虚拟团队的绩效具有显著的正相关效应，没有发现临时协调对二者的调节作用；妥协的冲突管理行为与虚拟团队的绩效显著负相关，临时协调能够显著弱化二者之间的负相关关系；迁就的竞争管理行为对团队绩效无显著关系，临时协调对二者也无显著的调节作用。Lovelace等（2001）认为团队任务分歧对团队的绩效影响取决于三个方面的因素：任务分歧如何进行交流；团队成员如何表达与任务相关的疑问，是竞争还是合作地表达这些疑问；团队领导如何感知其有效性。即跨职能团队的能力是否具有创新性、及时性及经济性，依赖于任务分歧的管理方式，无论是团队成员还是团队领导，即沟通管理的多元化是一个关键因素。当出现任务分歧时，合作的沟通交流方式与团队的创新显著正相关，缺少争论的沟通方式能使团队成员具备自由地表达与任务相关的疑问，以及坚持预算和进度的能力。

De Dreu（2008）认为组织中之所以需要合作性的冲突管理，不仅是因为它能带来积极性的冲突效应，而且能够阻止工作场所冲突所带来的负面效果。Posthuma（2011）对巴西、加拿大、印度尼西亚、荷兰、挪威5个国家的对比研究表明，雇主与员工之间的冲突行为与创新工作行为之间显著正相关，程序性公平能显著提高同事之间冲突与创新行为之间的正相关关系。研究还发现，冲突管理与主观感受结果的显著关系，例如对谈判、工作满意度、离职意愿及同事之间关系的主观感受。Avgar（2010）检验了冲突及冲突解决方式对员工感知的社会资本之间的关系。数据分析结果支持了不同的冲突方式会影响社会资本的假设，关系和任务冲突与员工感知的社会资本冲突显著负相关，另一方面与员工感知到的社会资本显著正相关，冲突管理对社会资本的直接和非直接效应得到了验证。该研究认为主管可以通过协助员工解决冲突问题来增加社会资本。

（2）冲突管理对组织创新和组织公平的影响。Gelfand等（2012）以一家大型银行的92家分行为研究对象，对组织中的冲突氛围进行了研究，研究结果表明，领导者自身的冲突管理行为，回避的、合作的、独裁的冲突管理行为，分别与组织层次的冲突文化显著正相关；合作的冲突文化与组织活力正相关，表现的组织活力以高凝聚力、高效能及低耗竭为特征；而独裁的冲突管理文化与组织活力负相关，表现的组织活力以低凝聚力、低效能及高耗竭为特征；回避的冲突文化与组织创新负相关。该研究从领导行为的角度对组织冲突文化所带来的影响进行了深入探析。Tjosvold等（2010）的研究发现，冲突管理影响组织的理念，使得组织拥有高效的建言（程序公平），公平地分享信念（分配公平），使员工受尊重（人际公平）。合作的冲突管理行为能够促进组织中的三种公平，同样，公平反过来会产生战略伙伴优势，并促进创新。Van Woerkom（2010）的研究也表明，领导者与员工在进行问题解决时，冲突与员工压力之间存在负向关系。这是因为，领导者对他（她）的员工有一个高的承诺，他们增加了员工的公平感，提高了他们在工作场所的建言感。

（3）冲突管理对员工个体的影响。领导者的第三方冲突管理行为对组织中员工的人际关系冲突具有调节作用。领导者的问题解决行为涉及向冲突双方询问他们的目标及对问题的看法，员工很有可能将此视作领导在对他们表示关心。因此，当员工意识到他们被允许表达自己的观点，他们对冲突情境的控制感会增加，因此能够减轻冲突的压力影响。Ellen Giebels等（2005）发现，当外在帮助介入时，冲突方会经历较少的负面影响，特别是在员工的身心健康方面。以上冲突管理影响结果的相关理论和实证研究表明，不同的冲突管理方式对于组织绩效具有不同影响。部分学者认为，成员间冲突对于组织绩效会有比较明显的负面效应；也有许多学者认为，冲突对组织绩效的负面效应非常微弱，甚至会产生正面效应。对于管理者而言，当冲突（或冲突的情境）发生时，应理智思考冲突的原因，进而准确定位冲突当事人可能出现的归因结果，然后判断该冲突（或冲突的情境）属于哪种类型，确定其特征，进而采取相应措施。Ross和Conlon（2000）的研究也表明，当人们之间发生人际导向的冲突行为时，第三方的关注对于满意度与组织公平感是非常重要的。而第三方的强制性冲突管理行为会使员工感觉他们失去了对环境的控制感。强制性的第三方冲突管理建立在领导者的利益之上，而没有考虑员工的利益，因而冲突方的满意度会降低，冲突压力会增加。而且，领导者的强制性冲突管理也会将自身卷入到冲突中去。另外领导者采用回避的第三方冲突管理行为则会加强员工对领导者的失望情绪，因为员工认为领导者有权威和义务来解决员工间的冲突。Romer等（2012）的研究发现，组织中同事之间的人际冲突与员工身心健康（如压力）显著负相关。领导者的第三方冲突管理行为（问题解决、强制、回避）会影响员工冲突和员工身心健康之间的关系。即领导者如果采取强制和回避式的第三方冲突管理行为，就会扩大冲突在员工压力方面的影响，而且领导者的第三方问题解决行为对关系冲突与压力之间具有缓冲作用。Giebels和Janssen（2005）指出第三方帮助可以被看作是一种特别的冲突管理模式，冲突压力对情绪耗竭、缺勤及离职意愿具有正向影响，第三方帮助与否对二者的关系具有调节效应。因此，第三方帮助能够阻止组织中人际冲突的负向影响。除了认知和行为，情绪在冲突管理研究领域中的作用也不可忽视。冲突管理能够帮助经理、员工、组织更好处理冲突发生时的各种情绪。Posthuma（2012）在探讨情绪与冲突管理（任务、关系和过程冲突；信任、消除和原谅）之间的关系时发现，积极的和消极的情绪，如愤怒、热情、兴奋、内疚和自责与复杂而多样的冲突管理的各个方面显著相关。该研究旨在更好地理解冲突情境中的特定情绪。

2.1.2 劳资冲突管理

本书从企业内部研究劳资关系，从员工（雇员）角度探讨劳资冲突管理对员工创新行为的影响，由于本书主要立足于中国文化背景，因此本书将对劳资冲突管理在国内的研究现状进行文献分析。

国内对劳资冲突管理的研究目前处于探索研究阶段。仅有少量的研究分别涉及劳资关系研究及冲突管理研究，而对于二者的交叉研究基本处于空白状态。张军伟等（2013）以社会信息加工理论为理论基础，检验了上司合作式、支配式和回避式冲突管理行为对员工宽恕的影响。研究结果验证了上司合作式冲突管理行为与员工宽恕之间的正相关关系，上司支配式冲突管理与员工宽恕之间的负相关关系。员工的上司地位知觉和领导-成员交换关系对冲突管理行为和员工宽恕分别具有显著的正向和负向调节作用。孙平（2014）对高科技企业存在的冲突管理与创新绩效关系的研究表明，合作性处理方式与建设性冲突、竞争性处理方式与破坏性冲突、建设性冲突与创新绩效均呈显著的正相关关系，妥协性处理方式与建设性冲突、破坏性冲突与创新绩效均存在显著的负相关关系；信任对合作性处理方式与建设性冲突的关系、竞争性冲突与破坏性冲突的关系均具有显著的负向调节作用，社会交往不存在显著的调节作用。刘咏梅、卫旭华、陈晓红（2011）检验了情绪智力倾向对冲突管理的影响。研究发现，高情绪智力的个人倾向于较多地采取协调的方式处理冲突，而较少采用退让的方式处理冲突，因而拥有更高的感知凝聚力。情绪调节和情绪使用两个维度同协调型冲突管理风格显著正相关，情绪使用和他人情绪评估两个维度同退让型冲突管理风格显著负相关。中介效应检验结果表明，协调型冲突管理风格在情绪智力和感知凝聚力的关系中起到完全中介作用。田晖（2006）检验了文化价值观中的集体主义-个人主义导向对冲突管理的影响。研究表明，集体主义导向的文化成员对待冲突的态度受“顺从原则”与“和谐观”导向的影响，因而喜欢回避、宽容、妥协等间接策略；而个人主义导向的文化成员处理冲突时由于“关注效率”表现出很强的“自主”性，因而倾向于竞争或合作策略。

2.1.4 小结

冲突管理作为组织的一项重要功能，几十年来一直得到心理学和组织行为学者的关注，现有文献对冲突管理的概念、测量及前因变量、结果变量的研究已经取得了重要的研究进展。但随着时代的发展，冲突管理研究仍需进一步拓展其研究范畴，在进一步总结以往研究不足的基础上，有必要进一步加强对冲突管理以下几个方面的深入研究。

1.加强跨文化冲突管理研究

目前对冲突管理的研究或者基于东方文化情境，或者基于西方文化情境，而对于跨文化情境的研究涉及不足。例如，相对权力距离能够影响员工如何感知领导者的冲突管理介入。权力距离在荷兰等西方国家相对来说较低，而在中国等东方国家相对来说较高，在高权力距离国家强制的冲突管理行为可能更易被接受，而在低权力距离国家，强制的冲突管理行为更易被员工感知为独裁的冲突管理方式。

2.深化冲突管理影响机制的研究

首先，未来的研究有必要更加深入地探讨冲突管理对结果变量的作用机制。当前研究聚集于不同的冲突管理方式对组织绩效、组织创新、组织公平及员工情绪等的影响，冲突管理方式可能对领导者自身、员工个体因素等方面产生影响。例如Zhang（2011）验证了冲突管理方式在变革型领导与团队绩效之间的中介效应，并指出未来可进一步研究冲突管理方式在变革型领导与潜能之间的关系。其次，未来的研究可考虑从不同的理论视角揭示冲突管理的影响因素和结果因素。目前学者们从合作和竞争理论、双重关心理论及社会认同理论等视角对冲突管理进行了研究，未来可进一步拓展其他理论视角进行多角度研究，比如可以利用社会学习理论去揭示冲突管理的影响机制，由于冲突管理可以为员工学习创造更好的组织和社会环境，因此有利于个体自身能力的提升和职业生涯发展。

3.完善冲突管理的研究方法

现有研究在数据收集方面，多采用受访者自我报告的形式，容易产生同源方差的问题，因而未来的研究应考虑从受访者自身、下属、同事及领导者多个来源进行数据收集，以将同源方差问题降到最低。同时，现有研究设计上多采用横向研究，收集数据时多在同一个时间点上，排除了因果关系。例如Gelfand等（2012）在研究组织中的冲突管理文化时，在理论上能够推导出领导行为会对冲突管理文化的发展产生影响，但在统计上，不能推断出冲突文化反过来会引致领导者的冲突管理行为。同样地，在理论上能够推导出组织冲突管理文化能够影响组织成果，包括创造力，顾客服务及组织活力，但统计上不能界定组织成果对组织冲突管理文化所产生的影响。因而未来的研究可以考虑采用纵向研究，从而进一步清晰地界定因果关系。

4.探索劳资冲突管理行为研究

目前关于冲突管理的研究多局限于团队间的冲突管理研究及领导者与下属之间的冲突处理方式，对于员工与组织之间的冲突管理研究贡献不足。由于当前我国社会结构的变化，劳资关系成为中国社会的基本关系之一，劳资矛盾进入多发期和冲突期，对我国也带来了深远的经济、社会和政治影响，因此研究劳资冲突管理行为具有理论和现实的双重意义。

2.2 心理授权

目前组织中有关授权的文献研究主要沿着结构授权和心理授权两条路径进行，前者以工作设计的理论研究为基础，是指对员工权力和责任的下放。心理授权由四个维度的心理状态构成，包括：意义、自我效能，自我决定、影响力（Conger et al.，1988；Spreitzer，1995，1996）。心理授权以社会信息加工理论为基础，并且通过改变个体行为，例如同事间的帮助行为及支持行为等，已经显示出超越结构授权的能力。心理授权的研究主要从个体和集体两个层面进行。

2.2.1 概 念

1.个体层面的心理授权

早期Bandura（1977）对心理授权的定义强调工作中的自我效能，该定义不太关注权力和责任的实际过渡，强调员工对授权的感知或认知状态；Conger和Kanungo（1988）将心理授权定义为“通过正规化的组织实践和提供高效信息的非正规技术来消除组织成员的无力感，增强员工对组织的认同，提高组织成员的自我效能感的过程”。心理授权强调员工或团队意识到他们能够控制自身所从事的工作（Spreitzer，1995）。

通过文献回顾，我们发现，心理授权有二维和四维之说。心理授权的二维说强调员工对权力和责任的授权感知，Hechanova-Alampay和Beehr（2001）将授权定义为员工对工作成果感知到的权力和责任；Hyatt和Ruddy（1997）也以此为基础定义了团队层面的心理授权。心理授权的二维说主要被学者用于团队层面的研究，而四维说则被大量应用于个体和团体层的研究。Thomas和Velthouse（1990）以Bandura（1982）的工作效能及Conger和Kanungo（1988）对心理授权的定义为基础，认为心理授权类似于工作动机，由四个维度组成：意义、胜任力、自我决定和选择。这个定义认为心理授权不是一种组织干预措施或一种心理特质，而是个体感知到的被授权后的认知状态。Spreitzer（1995，1996）根据现有文献进一步完善了心理授权的四维学说，认为个体层面的心理授权包括以下几个维度：

①意义：个体工作目标和信仰、价值观的匹配，即个体对任务的关注度。

②胜任力：个体持有的信念，能够依靠能力熟练地完成工作任务。

③自我决定：个体的自主性或能够控制即时工作行为和过程，反映出在能动性和调节作用方面的选择。

④影响：个体是否将他们的工作视作有差别的程度，或者他们影响经营成果的程度。

Menon（2001）通过整合不同的研究取向，提出了一种考察授权的综合性心理方法，指出在个体层面，心理授权包括三个维度，即可感知的控制感（perceived control）、可感知的胜任力（perceived competence）和目标内化（goal internalization）。可感知的控制感体现了传统授权定义中的分权（delegation）、提升员工自主性等措施的效果，相当于“影响”或“自我决定”；可感知的胜任感与Conger和Thomas等人的“自我效能感”类似；目标内化则代表了授权的动力方面，反映了员工对组织目标的承诺程度。Menon（2001）对心理授权的概念界定更强调个体的心理感受，Thomas和Velthouse（1990）及Spreitzer（1995，1996）对心理授权的概念界定更强调个体的能力，相比较而言，后者对概念的界定得到了大多数学者的认可，在对心理授权的实证研究中更具代表性。

2. 集体层面的心理授权

对心理授权集体性构念的研究包括团队层面和组织层面。其中团队层面（团队授权）是指团队成员对他们有权控制工作环境及为他们团队负责所达成的共识。Seibert等（2004）将授权气氛定义为员工对与授权相关的管理结构、政策及实践共享的感知，这个概念没有强调授权的心理层面，而是强调授权的结构层面，即来源于组织领导的结构授权。Wallace等（2011）首次将心理授权的研究层面从个体层面上升到气氛层面，认为心理授权气氛是指对授权（包括意义、自我效能、自主性及影响）共享的心理感知。心理授权气氛不同于团队授权和授权气氛。团队授权不能够充分体现出对授权共享的心理感知，特别是在一些比较松散化的集体中。

2.2.2 前因变量

1.个体层面

（1）结构授权。在个体层面，结构授权是心理授权的重要预测变量。当管理层将自主权和责任转让给低一层级的员工时，授权感就会产生。Seibert 等（2011）的研究报告验证了个体层面的心理授权与高绩效管理实践（包括结构授权）的正相关关系。Laschinger 等（2004）通过几项研究发现，心理授权会随着时间而改变，结构授权（作为机遇、信息、支持、资源和正式、非正式的权力的组成部分）和心理授权的关系会随着时间而产生变化。在他们的研究中，结构授权不仅影响心理授权，而且还影响工作满意度，但是心理授权的直接效应没有得到验证。因此未来研究应该继续关注结构授权和心理授权的时间变化。但是在这些检验中大部分研究采用了截面数据，且单纯依靠个体的自我报告评估，容易产生同源方差（Avolio et al.，1991）。未来的研究应进一步关注结构授权的不同维度对心理授权的不同维度的影响，同时尽量缩小同源方差的影响，可考虑采用组织档案数据来源来检验结构授权如何改变心理授权。综观相关文献，我们仅发现了一个随机的实验研究，是关于一家货运公司的项目经理的实验研究，样本中的一半接受了授权干预，“与组织变革相联系，给予他们另外的机会接近信息和资源，制定决策”（Logan et al.，2007）。实验结果表明，作者能够评估授权干预对心理授权中的自我决定、影响力两个维度的影响，但是他们之间没有显著的主效应，结构授权和主管支持具有显著的正相关关系，当主管支持高时，结构授权能够提高心理授权的感知，这项研究验证了结构授权与其他变量的交互作用对心理授权的影响。

（2）个体特征。Spreitzer（1995）、Thomas 和 Velthouse（1990）的早期研究

关注于个体差异会影响心理授权的感知。Seibert等（2011）的研究发现，个体能力（教育程度、性别、年龄、工作年限和工作级别）等因素与心理授权显著正相关。Ergeneli及其同事（2007）发现，工作状态是个体层面的心理授权的显著影响因素。他们的研究表明，高层级的管理水平也具备高水平的心理授权。另外，学者们也探讨了个性特质对心理授权的影响。Seibert等（2011）发现，正向的自我评估特质与心理授权显著正相关。Avey等（2008）则发现，心理授权与个体的心理资本显著正相关。未来的研究应进一步关注个体除个性以外其他的特质对心理授权的影响。例如Ahearne等（2005）的研究表明领导者的授权行为对其下属绩效的影响还受到下属经验的影响。由于个性代表了比较稳定的特质，未来的研究还应关注于个体的导向，也就是要进一步关注情景因素。比如个体的目标导向、团队导向及学习导向对个体心理授权的影响。未来的研究还应进一步关注特定文化维度（如集体主义、权力距离）等对心理授权的影响。

（3）工作设计。当结构授权关注于下属在完成工作时被赋予权力和责任的程度时，工作设计特征也有可能会影响心理授权。工作特征理论的代表人物Hackman和Oldham（1980）指出，有许多与工作相联系的关键的目标特征（例如工作意义、反馈、技能多样性和工作复杂性）将会影响工作意义及自我决定等心理状态。Seibert及其同事（2011）发现了工作设计和个体层面的心理授权之间的显著的正相关关系。Liden等（2000）在检验工作特征、社会交换和授权对许多结果的相互作用时发现，工作角色、工作意义、技能多样性、反馈等工作特征与授权的四个维度显著正相关。以上研究都表明工作特征与心理授权之间显著正相关，但少有研究检测二者之间是如何作用的。而且以往的研究大部分关注于传统的工作特征因素，较少探讨工作特征具有时代背景的情景因素对心理授权的影响。目前已有对此方面关注的研究，如Alge等（2006）检验了信息隐私对心理授的影响，研究表明信息隐私对心理授权具有积极影响，这种正向关系将会对创新工作绩效及组织公民行为产生积极影响。

（4）领导因素。Seibert及其同事（2011）指出，与其他的前因变量相比，学者们更多的检验了领导行为作为前因变量对心理授权的影响，超过51篇这方面的研究为二者之间的正向关系提供了数据支持。然而目前的研究主要关注心理授权在不同的领导行为对不同的结果变量之间的中介作用。比如授权型领导由于创建了一种员工受到尊重和自信的气氛，变革型领导通过分享共同愿景，能够建立对组织目标的承诺。Harris等（2009）发现，领导—成员交换关系与心理授权显著相关，二者之间的交互关系能够预测情感、行为和绩效结果，因此领导和下属之间的关系对心理授权的影响是显著的。Siegall和Gardner（2000）发现，与主管的沟通和交流能正向影响心理授权的意义、自我决定和影响维度。Ergeneli及其同事（2007）通过对银行经理的研究，检测了认知和情感信任对心理授权的影响。以职位影响为控制变量，对领导的认知性信任与心理授权的意义和胜任力维度密切相关，而情感性信任与心理授权的影响维度密切相关，此研究表明对领导的信任是心理授权的一个重要前因变量。以上的研究只检验了单一的领导行为对心理授权的影响。Pieterse等（2010）通过荷兰一家政府机构的研究检测了变革型领导和交易型领导对心理授权的影响。结果表明，当心理授权程度高时，变革型领导对创新行为产生正向影响，而交易型领导则与创新行为显著负相关。以上研究表明，当前的研究较多地关注领导行为，而忽视了同事关系对心理授权的影响。

（5）组织支持。组织支持更强调组织文化、气氛、组织正规化、分权等变量对员工的影响。Sigler和Pearson（2000）发现，员工心理授权中介于可感知的组织支持对工作绩效和组织承诺的影响。Hochwalder（2008）发现，心理授权在可感知的工作环境特征与员工的情感倦怠、情感分化之间的中介作用，心理授权弱化了工作特征对护士情感倦怠、情感分化之间的负向影响。

2. 团队层面

（1）结构授权。Seibert和其同事（2011）通过元分析发现，目前有七个研究验证了结构授权和心理授权之间存在着显著的正相关关系。例如，Gerwin和Moffat（1997）通过对工程团队的研究发现，当结构授权收回时，心理授权就会减少。

（2）团队特征。目前的研究发现，团队规模对心理授权具有积极或消极的影响（Kirkman et al.，2004），而Seibert及其同事（2011）的研究虽然表明团队规模对心理授权具有负相关关系，但二者之间的关系并不显著。Kirkman等（2004）对一家高科技和一家保险公司的研究表明，团队成员种族异质性对团队心理授权具有显著的负向影响。Akgun等（2007）对53个软件团队的研究表明，团队的经验与团队心理授权存在着显著的正相关关系。除了团队任期、团队规模及团队成员多样性（性别、年龄、种族等）等传统因素会影响团队心理授权，一些新的团队组成因素也会影响心理授权氛围，如虚拟性与团队心理授权。Kirkman等（2004）发现，当团队成员之间无法做到面对面时（即存在着较高的虚拟性），心理授权对团队效能具有很强的影响，这一结论目前得到越来越多的研究者的认同。但以上研究较多地关注了一个团队中的成员同时在多个团队中工作的情况，仅有少量研究涉及多样化团队成员对绩效的影响，还没有将心理授权的因素考虑其中。

（3）工作设计。工作复杂性、工作量等团队如何设计其任务等工作设计因素也会影响团队心理授权。Hyatt和Ruddy（1997）的研究表明，团队任务结构化的方式与团队成员对权力和责任的感知之间存在着正相关关系。Chen等（2007）通过研究发现，工作任务的相互依赖性调节领导气氛与心理授权之间的关系。在高度相互依赖的团队中，领导气氛和心理授权之间的关系更为显著。通过文献梳理发现，工作复杂性和工作反馈对心理授权气氛的研究还贡献不足。

（4）领导。由于组织会通过授权来减少管理层级，有许多学者质疑领导对授权的必要性。关于领导对授权的影响，研究发现，当一个团队被授权时，领导扮演着不同的角色。Dvir等（2002）等通过对以色列国防部的研究发现，当领导采用变革的方式时，能够开发出更多的心理授权的组成因素（例如自我效能、自我批评）。Ahearn及其同事（2004）的研究也支持上述看法，认为在上述团队中，领导者的角色应该聚焦于“扫除障碍，包括结构性障碍”。因此某些领导方式，例如变革型领导、教练式领导等对心理授权具有积极的正向影响。

（5）组织支持。组织支持包括来自于其他团队及整个组织的资源、沟通及合作。Spreitzer（1996）的研究显示，当团队得到来自于组织内其他团队和部门的资源时，团队心理授权就会提高。他们将组织支持定义为“社会-政治支持”，与团队心理授权之间存在着显著的正相关关系。Mathieu等（2006）的研究显示，多样化的团队合作对团队心理授权存在着显著的积极影响。Hempel等（2012）的研究也表明，对心理授权的支持是组织正规化、分权化与组织绩效之间的中介变量。

3.心理授权气氛

Wallace等（2011）通过对快餐业的调查，首次验证了授权型领导气氛对心理授权气氛的积极影响，这有别于授权型领导对团队授权气氛的影响。

2.2.3 结果变量

1.个体层面

（1）工作绩效。Spreitzer等（1995，1996）分别检验了心理授权对管理效能及员工效能的积极影响，并且研究还发现了心理授权的两个维度——胜任力和影响力对绩效的影响最强，研究还发现心理授权对个体绩效及组织公民行为的积极影响。Spreitzer（2008）通过元分析发现，共有51篇研究支持这种积极影响。然而目前还有少量研究发现了相反的结果。如Ahearne等（2005）发现，授权行为只受益于有经验的销售人员，而对无经验的销售人员则会产生消极影响。这个研究结果表明，心理授权对员工绩效的影响取决于员工在组织中的位置。因此，未来的研究应关注于可能调节授权与绩效关系的情景因素，同时未来应更多地关注心理授权的黑暗面研究。

（2）情感反应。学者们将授权的影响大量地投入于情感变量而不是绩效变量。Seibert等（2011）发现53篇研究心理授权对工作满意度影响的文献。其他的情感变量还涉及组织承诺、压力、离职意愿。Spreitzer（1996）检验了心理授权的四个维度对工作满意度和压力的影响。研究发现，心理授权的每一个维度都至少与一个结果变量相关，但没有一个维度与所有的结果相关。自我决定维度仅与满意度相关，意义和胜任力维度与中层经理的压力相关，在低层经理中，胜任力与满意度正相关，而与压力负相关。整体的研究结果表明，员工受益于心理授权，但是当单独检验四个维度时，就产生了较为复杂的关系。在所有的结果变量中，工作满意度取得了最高的关注度。心理授权在不同的前因变量和情感反应的关系中起中介作用。除了以上变量，还有其他的情感变量还未引起充分的重视。例如个体层面的创新行为。未来的研究也应更多地关注集体层面的情感反应变量，同时要关注心理授权如何影响这些不同的变量。例如，心理授权如何影响不同的组织承诺。

2. 团队层面

（1）工作绩效。Spreitzer等（1996）的研究不仅表明，团队心理授权对团队过程改进具有显著的积极影响，而且还有助于团队全面绩效的提升。Seibert等（2011）通过元分析发现，团队心理授权对团队效能、生产力、顾客满意度、创新和决策制定等存在着显著的积极影响。虽然有大量的研究证实团队心理授权对团队绩效具有显著的积极影响，但学者Malone认为团队心理授权并没有提供预期的积极效果。Chen等学者的研究也表明，团队授权与相互依赖性水平低的团队的绩效具有消极影响，而高相互依赖性的团队绩效则不存在这种关系。整体而言，大部分的实证研究认同团队心理授权对绩效具有正向影响，能够显著提高团队绩效水平。

（2）情感反应。虽然目前大量的研究关注于心理授权对团队绩效的影响，仍有少量的研究涉及心理授权对情感的影响。Hyatt和Ruddy（1997）的研究证实，团队心理授权能够影响团队士气以及团队成员共有的、他们的行为如何影响组织的想法。Spreitzer等（1996）发现，心理授权对团队参与具有积极的影响。Kirkman和Rosen（2004）的研究也表明，团队心理授权与团队积极性、团队满意度和组织承诺具有显著的正相关关系。

3. 心理授权气氛

Wallace等（2011）的研究首次发现，仅在高感知责任状态下，心理授权气氛才对绩效产生积极影响，在低感知责任状态下，心理授权气氛对绩效无显著影响。作者首次将感知责任状态作为边界条件引入研究中，解答了一个关键问题：即当被授权时，如果授权个体没有责任心，会不会滥用授权，对组织产生负向的影响？同时作者还指出未来还可探讨心理授权气氛对组织其他结果变量的影响，例如组织中反生产行为的影响。该研究以经理层作为研究对象，未来的研究可进一步检验经理和员工心理授权气氛的差异性，以及这些差异性如何影响绩效等结果变量。同时未来的研究还可采用纵向研究的方法。由于作者采用的样本来自于服务业，因此结论的推广还有待于在其他行业中进行验证。

2.2.4 小结

本部分分别从个体层面和集体层面（包括团队和心理授权气氛）两个视角对心理授权的概念、前因变量、结果变量进行了综述，未来的研究可从以下视角进行。

（1）未来需进一步加强组织内、外部的环境因素如团队虚拟、工作特征等对心理授权的影响，包括个体层面和集体层面。

（2）进一步探究心理授权与工作成果之间的中介作用，例如团队认知、团队认同、组织承诺是否是二者之间的中介变量？另外，心理授权与应急状态之间是否存在着潜在的联系？例如心理授权与信任、团队凝聚力，即当团队凝聚力强或者信任度高时，心理授权是否较为突出？

（3）对心理授权的黑暗面，即心理授权的消极影响的探讨还处于开拓阶段，未来应更多地关注其消极影响的讨论。

2.3 政治技能

过去十年中，政治技能的研究大多见于商业领域。研究者多关注于政治技能对其影响结果的直接效应，包括对人力资源政策（Wayne et al.，1997）、工作或团队绩效（Ahearn et al.，2004；Ferris et al.，2001）及影响有效性的研究（Kolodinsky et al.，2007），很少有研究关注于政治技能的作用过程。而且，大部分关于政治技能的研究往往站在主管的视角，调查主管的政治技能对其下属结果的影响，员工对主管评价的有效性（Douglas et al.，2004）和团队绩效（Ahearn et al.，2004）。例如，Ferris和其合作者（1999）认为，政治技能能够产生自信和人身安全感，因为人们由于能够理解和控制工作中的其他人而将体验到强烈的责任感。正是这种强的自信和控制感解释了为什么高政治技能的个体往往具有较少的工作焦虑和工作压力。然而，截至目前，仅有少量研究以员工为视角，检验员工的政治技能对其工作成果、职业成功或其心理的影响。对于员工政治技能对其工作行为的影响的实证研究，如创新行为的影响的研究还有待进一步开拓。

2.3.1 概念

综观政治技能的相关文献，我们发现，对政治技能的概念界定主要从以下几个视角进行：

（1）早期学者认为政治技能是一种个性特质。例如，明茨伯格将“政治技能”定义为个体在组织生活的政治舞台上有效的个性特质，即政治技能是个体如何有效地使用权力的本能性直觉，是通过对他人感觉的感知来使用正式权利，知道如何集中个体的能力，去感知什么是可能的，以实现必要的组织联盟（Mintzberg，1983）。

（2）一些学者认为政治技能是一种能力。例如，Ferris等（1999）创新性地研究政治技能的构念范围，为收敛和区分效度提供初步证据，并制定了一个简洁的一维构念的测量，认为政治技能指的是能否有效地理解他人的工作，并使用这样的知识来影响他人行为以实现个人和/或组织目标。Ferris等（2005）以先期研究为基础，对政治技能的概念进一步细分，提出了政治技能的四维结构。这四个维度分别为社会机敏性（social astuteness）、人际影响（interpersonal influence）、交际能力（networking ability）和外显真诚（apparent sincerity）。其中，社会机敏性是指能够敏锐地观察周围的人与环境，以适应不断变化的环境的能力；人际影响是指以令人信服的方式对他人施加影响的能力；交际能力是指建立友好、可靠、有益的联盟等人际关系网络的能力；外显真诚是指能够表现出并让他人感知到较高水平的诚实、正直和真诚的能力。从上述学者对政治技能的概念研究，我们发现，对政治技能的定义目前还未有统一定论，但大部分研究学者在进行政治技能的实证研究时主要采用Ferris等（2005）对政治技能的含义，即认为政治技能是一种个体的能力。

2.3.2 测量

早期政治技能的测量一般采用Ferris等（1999）开发的六测项单维量表。例如，Perrewe等（2004）在检测政治技能在角色冲突与工作压力之间关系的影响时，采用了此单维量表，该量表的内部一致性信度为0.71。在2005年，Ferris等学者开拓性地将政治技能进行了细分，将政治技能细分为四个维度：社会机敏性（social astuteness）、人际影响（interpersonal influence）、交际能力（networking ability）与外显真诚（apparent sincerity）。以此四个维度为基础，开发了18个测项的政治技能量表，该量表采用李克特5点表示法，1表示非常不同意，5表示非常同意。该量表进行了两项实验研究，其中研究1中验证了政治技能中的社会机敏性是唯一一个可以预测工作绩效的维度，而交际能力则清晰地反应了向上吸引力、联盟及自信对战略的影响。研究2则验证了这两个维度的联合影响。后来的研究也证明了该量表具有良好的效度。如Blickle（2010）将该量表运用于人员甄选情境，研究进一步证明该量表具有较高的结构效度和效标关联效度。

对有关政治技能的测验量表的研究表明，西方学者大量采用Ferris（2005）所开发的18测项量表。由于量表的采用需考虑文化因素，中国情境下，人们更加注重关系、面子等人际因素，相比西方情境，中国情境下更强调集体主义观，权力距离高。因此开发中国情境下的政治技能测验量表可能更适合中国的本土化研究。中国学者也对此进行了开拓性的研究，如柳恒超等（2008）开发了中国情境下的政治技能量表。

2.3.3 实证研究

有关政治技能的实证研究主要集中在政治技能的调节和中介作用方面。

（1）政治技能可以显著地影响一些变量与职业成功的关系。比如，政治技能可以调节印象管理与职业生涯成功的关系。冯明和李聪（2010）对上海国有企业员工的调查数据表明，员工政治技能高水平的发挥会对印象管理、对职业生涯的成功起到缓解其消极后果的作用，反之则对此影响作用会很小。政治技能还可以调节个体政治特质与职业成功的关系。Todd等（2009）通过不同职业的191名员工的调查数据发现，个体的政治技能的4个维度与职业成功的5个维度（薪酬、晋升、职业满意度、生活满意度、可感知的外部工作流动性）相互联系。其中，政治技能中的交际能力维度与职业成功的5个维度之间显著性最强；政治技能中的外显真诚维度与职业和生活满意度、晋升显著正相关；人际影响与社会机敏性与职业成功无显著的相关关系。政治技能对领导–部属交换与职业成功也具有调节作用。李燕萍和涂乙冬（2011）对政治技能的4个维度对领导–部属交换与下属职业成功二者关系的影响进行了检验。研究结果表明，政治技能的4个维度：网络能力、人际影响、社会机敏性、外显真诚能够调节领导–部属交换对下属职业成功的直接效应和总效应；人际影响对领导–部属交换与下属心理授权之间的关系具有显著的调节作用，外显真诚对心理授权与职业成功之间的关系具有显著的调节作用。

政治技能对主管–下属关系、人格特质与职业成功之间的关系也起着中介作用。Wei等（2010）对中国企业的调查数据显示，主管–下属关系在政治技能与员工职业成功之间起中介作用。在中国情境下，一个政治技能高的员工更可能把他的职业发展与和领导建立关系联系到一起。刘军等（2009）通过对新入职大学生和主管的实证研究发现，自我监控性格、内探人格特质、外向性格对政治技能具有积极影响，主管的政治教导能够提高员工的政治技能。性格特质通过政治技能的中介作用对个体的个人声誉、人格产生影响，进而影响个体职业发展。

（2）政治技能可以显著地调节相关变量与身心健康的影响。政治技能高的个体浑身散出安全感、控制感和冷静、自信，容易吸引别人，给他人以舒适的感觉。这种自信总是被正确地归为一种积极的属性，因此政治技能高的个体不会让人感觉很傲慢。那些高的政治技能是不能自行吸收的，因为他们的重点在于外部，即对待他人的方式。具有高政治技能的个体能够保持适当的平衡视角，这使得他们在评估他人和自身时能够采取健康的标准。政治技能通常被看作能够通过培训和社会化来发展的一种胜任力（Ferris et al.，2005）。政治技能高的个体表现出高的自信和控制，这使得他们能够很好地诠释工作场所的压力，从而工作中能够经历较少的压力和焦虑。Perrewe等（2004）的研究表明，政治技能能够调节角色超负荷和压力之间的关系。刘军等（2009）发现，下属的政治技能对因主管辱虐管理使下属的情绪耗竭和离职倾向有显著的调节作用，当下属政治技能较高时，下属采取逢迎行为能缓解辱虐管理的消极影响，而当下属政治技能较低时，下属采取逢迎行为反而会增强辱虐管理的消极影响。Zellars等（2008）指出，政治技能调节负向情感与生理疲劳之间的关系，政治技能高时，负向情感对生理疲劳没有显著的影响。

（2）政治技能可以调节相关变量与工作绩效的关系。Brouer等（2009）对零售业的调查数据显示，政治技能调节主管和下属之间在差异性与领导—成员交换关系质量二者之间的关系，政治技能低的下属在面对主管和下属之间的差异时，表现出较低的领导—成员交换关系质量，而那些政治技能高的下属能够消除异质性所带来的不利影响，表现出较高的领导—成员交换关系质量。Blickle等（2010）的研究表明，政治技能在大五人格特质与销售绩效之间的关系中起调节作用。那些外向且政治技能高的销售人员销售业绩最好，外向而政治技能低的销售人员业绩最差；政治技能对开放性与销售业绩的关系无显著调节作用。Ewen等（2013）指出，政治技能能够通过交易型领导行为和变革型领导行为影响领导效能。政治技能高的领导表现出更高的效能。政治技能有助于领导更好地评价大五人格中的五个特质，即外向性、宜人性、情绪稳定性、尽责性和开放性，并且更好地利用这些特质去选择和实施行为。

2.3.4 小结

综观上述文献，现有理论从不同的视角对政治技能对职业成功、身心健康、工作绩效的作用机制进行了研究，基本上都支持政治技能对个体工作结果和身心健康的积极效应。而对政治技能可能会为个体、团队、组织带来的负面效应研究还未进行开拓或者还未进一步拓展，未来的研究还有待于进一步关注于政治技能的负面效应。

2.4 员工创新行为

在当今环境日益动荡、竞争加剧、技术不断革新的时代，越来越多的管理者意识到必须不断激励员工的创新行为，大量的证据表明，员工创新行为能从根本上促进组织创新、组织有效性及组织发展。创新行为的概念在近六十年的时间里得到了广泛的关注，涉及心理、教育、艺术和科学等领域。

2.4.1 概念界定

Sullivan和Ford对AMJ和JAP两个国际一流期刊在1998—2008年发表的有关创新行为的文献进行了梳理，对创新行为的概念进行了汇总，详见表2-1。

表2-1 创新行为概念汇总

作者及发表时间	发表期刊	构念定义
Ng和Feldman(2008)	JAP	员工产生新颖而有益的想法的程度
Pearsall等(2008)	JAP	没有对团队创新行为的正式定义，参与者指导他们产生“原创性的、实践性的想法”
Shin和Zhou(2007)	JAP	团队创新行为是新颖而有益的想法的产生
George和Zhou(2007)	AMJ	创新行为是新颖而有益的想法的产生

续表

作者及发表时间	发表期刊	构念定义
Alge等(2006)	JAP	对组织有益的新想法、新产品和新程序的产生
Baer和Oldham(2006)	JAP	创新行为指的是"对组织有益的有关产品、实践、流程或程序的新的、可能有用的想法的产生"
Fong(2006)	AMJ	组织创新行为被定义为"新颖的产品和有用的想法"
Perry-Smith(2006)	AMJ	创新行为是新颖而合适的想法、产品、流程或解决方案的产生
Gilson等(2005)	AMJ	创新工作流程指向开发出不同工作可能有用的新的方案
Shin和Zhou(2003)	AMJ	对组织有益的新想法、新产品和新程序的产生
Farmer等(2003)	AMJ	想法的新颖性和有益性是我们目前研究中采用的中心定义
Zhou(2003)	AMJ	目前的研究将创新行为定义为员工工作中有关流程和程序中新颖而有益的想法的产生
Madjar等(2002)	AMJ	创新行为指的是"对雇佣组织有益的有关产品、实践、流程或程序的新的、可能有用的想法的产生"
Taggar(2002)	AMJ	当观察者独立地赞同一个产品或响应对手边的工作是新颖的、适当的、有用的、正确的,则才是创新的
George和Zhou(2002)	JAP	工作场所的创新绩效必须满足两个条件:想法的产生必须是新颖的、有用的
De Dreu和West(2001)	AMJ	没有正式地提供创新行为的概念,似乎根据团队中个体发散思维概念化定义
George和Zhou(2001)	AMJ	创新行为的决定因素是员工新颖而有益的想法的产生
Zhou和George(2001)	AMJ	组织情境中的创新行为是指新颖而可能有用的想法的产生
Shalley等(2000)	AMJ	创新行为是通过个体或团队中的个体的共同工作而对新颖而有益的想法、流程和程序的开发、生产和概念化
Amabile和Conti(1999)	AMJ	创新行为是新颖而有益的想法的产出
Zhou(1998)	JAP	创新行为是指员工新颖而有益的想法的产出

资料来源：Sullivan D M，Ford C M.The alignment of measures and constructs in organizational research：The case of testing measurement models of creativity[J].Journal of Business and Psychology，2010，25（3）：505-521.

根据上述创新行为概念的汇总，我们发现，西方普遍认同的观点是创新行为是新颖而有益的产品和想法的产出（Amabile，1996），即将创新行为看作新颖性和有益性两个方面的融合，其中新颖性反映了想法的唯一性，而有益性则反映了一种解决方案的价值性、有效性及适宜性。

2.4.2　理论基础

1.社会网络理论

根据Perry Smith和Shalley（2003）从社会网络视角对创新行为的定义，通过社会网络参数影响创新行为可以和与认知过程领域相关的创新行为相互联系，与认知过程相关的创新行为是指能够帮助个体产生任何不同问题的解决方式，通常被描述为个体通过其思维和环境来产生潜在反应。与认知过程相关的创新行为包括长远思维，这是一种能够看到貌似不同的概念、想法之间存在着联系的能力，是一种远离既定做事方式而提出新的解决方案的倾向，是一种灵活思维，是一种对同一问题产生不同方法的能力。虽然某些人天生具有高的创新行为，但外部因素，如教育和培训，也能够改变创新过程。同样，环境因素也能影响相关知识领域，领域相关知识是指在面对特定问题时，个体对于事实、情况和问题的相关知识，它包括对既定问题能够产生灵活的、必要的技术专长及经验。当个体拥有较多的领域相关知识时，就可以产生更多的潜在解决方案，并验证他们是否有效，创新绩效就会得到提高。例如，产品经理如果拥有更多的营销知识，就会产生更多的具有创新性的营销方案。在某个领域的社会互动能够提高个体对该领域的理解，就会产生更多既可行又独一无二的解决方案。

2.认知评价理论

根据认知评价理论的观点，情景因素能够提供信息，对角色进行控制，因而能够影响个体的控制感及自我决定感。当个体感知到自身具有支持自主性，能力得到提升，则情景输入被视为信息，而当个体感知到他们在某些方面的思维和行为具有压力时，他们则将情景输入视为控制。因此，当情景的信息角色居主导地位时，员工在完成任务时就会感知到较少的压力，进而发展内部控制源，从而提升他们的内在动机。

3. 角色认同理论

在组织情境中，角色被认为是员工对其预期实施的行为模式的感知，这些感知将引导员工行为。根据角色理论，员工对角色的感知受到角色发送者的影响（包括主管、同事和顾客），并通过角色如何实施形成他们自身的理解（Walker et al.，1975）。组织成为一个角色系统，系统成员通过社会交换来决定工作如何完成，因而角色理解会影响组织绩效。角色冲突和角色分歧是角色压力的重要组成部分。当员工感知到两个或多个角色（例如销售经理、顾客、同事和家庭）期望之间产生不和谐时，角色冲突就会发生。角色压力也会受到管理行为的影响，包括经理如何清晰地为员工定义优先权的程度，如何有效实施沟通行为的程度，如何客观评价员工的程度。

2.4.3 测量

创新行为的测验量表目前应用最为广泛的是Oldham和Cummings（1996）所开发的量表及Zhou和George（2001）开发的创新量表。其中Oldham和Cummings（1996）所开发的量表由主管对员工的工作进行评估，采用李克特七分量表，共分为三个维度，包括：

（1）员工工作的原创性和实用性程度，工作原创性和实用性是指提出对组织具有唯一性且有益的新想法、方法和产品；

（2）员工工作的适应性和实用性的程度，工作适应性和实用性是指运用现有信息或资源提出对组织有益的想法、方法和产品；

（3）员工创新性的程度，员工创新性是指员工提出对组织具有原创性和有益的想法、方法和产品。Zhou和George（2001）开发的创新量表，采用李克特五分量表，由团队领导对团队成员的创新行为进行评估，定义团队成员所产生的新颖而有见解的想法，共分为13个测项，例如“对提高质量提出新颖的方法”，“提出解决问题的创新性方案”，内部一致性信度为0.97。

鉴于以往的研究在自我报告和主管报告的创新行为之间存在大量的收敛效度，Ng等（2010）开发了自我报告的创新行为量表，该量表将创新行为分为五个独立的维度，第一个测项测量想法产生的数量，回答选择从0～3，0代表“没有新想法”，1代表“1～2个新想法”，2代表“3～10个新想法”，3代表“超过10个新想法”。第二个和第三个测项测量想法的传播。在第二个测项，我们向那些已经产生至少一条新想法的人员提问，无论这想法是否向其他人提过，回答选择包括1代表“同事”，2代表“经理”，3代表“同事和经理”。在第三个测项，我们向那些是否帮助同事或主管传播新想法的员工提问，回答选择包括：0代表“没有”，1代表“有”。第四个和第五个测项包括想法的实施。第四个测项包括受访人是否将他们自己所产生的想法进行实施以及由谁实施。回答选择包括：0代表“没有实施”，1代表“由自己实施”，2代表“由他人实施”，3代表“由自己和他人一起实施”，第五个测项向受访者询问，他们是否已经实施了由同事或主管所产生的想法。回答选择包括：0代表“没有”，1代表“是的”。上面五个测项依次进行，分数越高代表越高的创新行为。然后将每个受访者的五个测项的分数相加，得到的总分数反映了每位员工在工作场所产生、传播并实施的想法的程度。内部一致性信度为0.81。虽然自我报告的创新行为测量在组织研究中还并不普遍，采用自我报告的创新行为是因为员工可能比主管及同事能更好地判断是否产生创新想法。而且自我报告用于测量创新行为，是因为员工可能处于能够评估他们为公司做出贡献所实施的努力的强度和频率的最佳位置。

2.4.4 前因变量

1.社会情景因素

社会情景相关因素会影响个体的创新行为，包括来自组织内部和外部的相关因素，其中组织内部因素如组织结构化、学习氛围、利益相关者的期望、工作特征、工作设计及领导风格等因素，组织外部因素如外部结构化、外部联系等。

Hon（2011）检验了中国情境下社会—情境因素与创新行为之间的关系，研究发现，三种社会情景变量（组织现代化、授权领导及同事的帮助和支持）影响员工自我一致性，员工自我一致性则影响创新行为，研究结果说明组织情境在评估员工创新行为方面起着非常重要的作用。Coelho等（2011）检测了情景因素对一线服务员工创新行为的影响机制，研究发现，角色分歧对员工创新行为具有反向效应，角色冲突对员工创新行为具有正向效应，工作复杂性通过内在动机、角色分歧影响员工创新行为；与主管的关系通过内在动机、角色压力影响员工创新行为，与同事之间的关系通过角色分歧负向影响员工创新行为；工作复杂性对员工创新行为具有直接的正效应，与同事之间的关系对员工创新行为具有反向效应。Yuan等（2010）认为，创新行为受到心理过程的影响，而心理过程受情境和个体差异因素所支配，这些因素包括可感知的创新组织支持、主管的关系质量、对创新的工作要求、创新的员工声誉、个体对现状的不满。Mueller等（2011）研究了向同事寻求帮助对个体创新行为的影响，结果发现，向同事寻求帮助中介于个体内在动机与创新行为之间的关系，然而求助者也会产生更多的往复成本，因为他们会向同事寻求更多的帮助，因此给予同事帮助与创新行为显著负相关，因为给予更多帮助会减弱寻求帮助对创新行为的积极影响。

组织中的学习氛围等组织情境因素会影响创新行为。Hirst等（2009）认为团队学习行为对个体目标导向与创新行为之间的关系起调节作用，即只有当团队学习行为高涨时，个体目标导向才与创新行为显著正相关。成长需求强度与创新行为显著正相关，支持性的工作情境、工作复杂性调节二者之间的关系。Hirst等（2011）认为，在低集权的组织中，学习型目标导向对创新行为具有较强的积极影响，而绩效规避的目标导向对创新行为具有较弱的消极影响。在低制度化的组织中，绩效提高型的目标导向能显著提高创新行为。Gong等（2013）认为团队学习目标和团队绩效完成目标显著正相关，而团队绩效规避目标通过团队信息交换对团队创新行为及个体创新行为产生消极影响，团队领导信任起调节作用，当信任度越高，团队学习目标对团队创新行为和个体创新行为的间接负向效应越强，团队绩效完成目标对团队创新行为和个体创新行为的间接负向效应越弱，个体创新行为通过对创新的支持氛围对团队创新行为产生积极影响。Shin等（2012）认为，团队成员创新性的自我效能可以调节团队认知多样性和个体创新行为之间的关系，当团队创新性的自我效能较高时，团队认知多样性与个体创新行为之间呈正相关关系；变革型领导可以调节团队认知多样性与个体创新行为之间的关系，当变革型领导程度较高时，团队认知多样性对个体创新行为和积极影响越强。Richter等（2012）通过对4个国家跨国公司的研究也表明，团队知识资源的共享有益于提高团队成员创新效能对创新行为的积极影响。Sung等（2012）对韩国保险业的调查表明，团队知识利用（而非团队知识存量）与团队创新行为显著正相关，进而影响团队的财务绩效。当团队领导拥有系统的认知模式及当团队面临较高的环境不确定性时，这种正效应更为显著，即团队领导的认知模式及环境不确定性在团队知识利用与团队创新行为之间起显著的调节作用。

当个体感知到来自周围环境的较高的创新期望时，就会建立较高的实现创新的信念，因而会表现出较高的创新行为。Carmeli等（2007）认为可感知的顾客期望、家庭期望及领导期望能够增强个体创新行为的自我期望，领导的期望对个体创新行为的自我期望的影响最强，领导的期望对员工参与到创新工作也具有直接效应。研究表明，较高的创新行为不仅需要高的创新期望，而且需要一种人们很容易实现这些高的自我标准的信念。Farmer等（2003）发现，当员工感知到同事期望他们发挥创意时，他们作为创意员工的角色认同会更强；那些在过去被认为是具有创新行为的员工具有更强的创新角色认同感；美国文化与创新角色认同显著正相关。

与工作相关的因素会影响员工创新行为的提高，例如与工作相关的内部激励因素及工作特征、工作设计等。Wong等（2008）对香港酒店业983名员工的调查表明，创新行为中的冒险维度与内部激励密切相关，与工作相关的内部激励包括：发展机会、对员工忠诚、对员工工作提出表扬和欣赏、参与感、对员工个人问题和感兴趣工作的同情和帮助，这些内部激励能够激励酒店员工的冒险行为。Ohly等（2006）通过研究发现，工作特征（工作控制、工作复杂性、时间压力和主管支持）、惯例化与创新行为和积极行为显著正相关。其中工作控制是创新行为最强的前因变量，工作复杂性只与创新行为显著正相关，时间压力与创新行为、积极性行为呈U形曲线关系，与个体主动性呈线性关系，主管支持与个体主动性呈正相关关系。Ng等（2010）检验了工作嵌入性与创新行为之间的关系，研究表明，工作嵌入性与创新行为之间具有显著的正相关关系，不同的职业生涯阶段对二者的关系具有调节效应，这种调节效应在职业生涯后期表现最强，而在职业生涯早期则表现得较弱。组织应通过日常工作设计来提高专业人才超负荷工作的创新行为。Elsbach等（2006）认为，为了提高长期高负荷工作的专业人士的创新行为，日常工作应被设计成在认知挑战性、高压力和不用动脑工作之间轮流替换。

不同的领导风格会通过心理授权、心理安全等变量影响员工的创新行为，积极的、正向的领导方式能够通过增强员工的心理安全感、提高员工的自我效能等提升员工的创新行为，而消极的、负向的破坏性领导如辱虐管理则会减少员工的创新行为。Rosing等（2011）提出由于创新过程的复杂性，领导者需要灵活根据创新过程的需求而进行变革，因此提出灵巧领导。创新过程由探测和开发（exploration，exploitation）两种行为组成，并不时地在两种行为之间进行切换，因而创新过程需要采用开放式和封闭式两种领导行为，并随时根据情境进行调整。为了检验授权与创新行为之间的关系，Sun等（2012）对中国情境中104名主管及385名员工的跨层分析研究表明，结构授权（例如授权氛围）对变革型领导与心理授权之间的关系起部分中介作用，心理授权对结构授权和创新行为之间的关系起完全中介作用，结构和心理授权对变革型领导与创新行为之间的关系依次起中介作用。Gong等（2009）认为员工学习导向、变革型领导与员工创新行为显著正相关，员工创新性的自我效能对他们之间的关系起中介作用。Atwater等（2009）对以色列193名雇员的调查显示，领导成员交换与员工能量的感知正相关，并最终引致创新工作的高度参与。Wang等（2010）以167名主管与员工作为配对样本，检验仁慈领导与创新行为之间的关系，研究表明，二者之间的复杂关系受到个体（如创新角色认同）及情境因素（如工作自主性）的影响。相比于个体因素，仁慈领导与创新行为之间的关系更多地受情境因素的影响，主要是权力情境。Zhang等（2011）通过对中国一家大型信息技术公司的调查表明，授权型领导与心理授权显著正相关，心理授权会影响内在动机和创新过程的参与，授权角色认同调节授权型领导与心理授权之间的关系，领导鼓励创新则调节心理授权和创新过程参与二者之间的关系。Carmeli等（2010）对宽容型领导（开放性、易亲近性及有益性领导）如何培育工作场所员工创新行为进行了探讨，宽容型领导与心理安全显著正相关，进而能促进员工对创新工作的参与。Liao等（2010）以社会认知理论为基础，对116个团队的828名员工进行了调查分析，研究结果表明，领导成员交换和团队成员交换通过自我效能对员工创新行为施加间接影响，领导成员交换分化会减弱领导成员交换关系对自我效能的直接影响及对创新行为的间接影响，而团队成员交换分化会增强团队成员交换关系对自我效能的直接影响及对创新行为的间接影响。Zhang（2011）等对中国情境中的领导行为与团队创新行为进行了检测，研究发现，中国领导通过影响内部团队流程，例如集体效能和团队成员之间的知识分享，对团队创新行为施加影响。变革型领导与团队创新行为正相关，而独裁式领导与团队创新行为负相关，集体效能和团队成员之间的知识分享中介于二者之间的关系。Miron-Spektor等（2011）通过四个实验室研究检验了矛盾模式对创新行为的影响，矛盾关系创造了个体间的冲突感，提升了他们整合矛盾的能力，反过来提升了创新行为。Liu等（2012）认为团队领导的辱虐管理中介于部门领导的辱虐管理对团队成员创新行为之间的负向关系，团队成员的绩效提升和伤害产生动机决定了团队领导的辱虐管理在部门领导的辱虐管理对团队成员创新行为影响的解释程度。Ng等（2012）检验了年龄，主管破坏性个性和积极个性对员工创新行为的影响，结果发现，年龄与员工创新行为显著正相关，年龄较大、个性较积极的员工对主管的破坏行为表现出较多的创新行为，年龄较大、个性不积极的员工对对主管的破坏行为表现出较少的创新行为。而当主管破坏行为较低时，积极个性并不调节年龄与创新行为之间的关系。

除了组织内部因素，组织外部因素如组织外部结构化、个体与外部的联系等也会影响个体创新行为。Sagiv等（2010）通过两个实验研究对结构化对创新行为的影响进行了研究，其中外部结构化包括任务的建构和提供的说明。研究表明，当严格限制问题的范围以使个体关注于核心要素的管理时，创新行为更强，在相对自由的条件下，依靠直觉的个体比有规则的个体更有创新性，如果处于高度结构化的工作条件下，有规则的个体也可以和依靠直觉的个体一样具有创新性。Perry-Smith（2006）检验了关系强度、网络位置、外部联系对个体创新绩效的直接和交互效应，结果表明，个体与外部较弱的联系有益于创新性，而个体与外部较强的联系则对创新具有中立效应；当个体与组织外部联系较少时，网络集中性与创新行为显著正相关，而中心性的联结及较多的外部联系对创新行为的影响则不容乐观。

2.个体特征因素

个体相关因素如情绪、价值观、道德模式、心理安全感等会影响创新行为，进而影响对组织绩效提升有益的员工创新行为的产生。

积极的情绪，例如快乐和热情能够产生更高的创新行为，因为积极情绪与认知能力紧密相联，能够增加认知的灵活性。George等（2005）认为，在支持性的情境中，通过积极情绪调节的开阔思维能够产生更多的发散性、生成性想法及进行有趣而广泛地信息处理，有益于新见解的产生，因而积极情绪与创新行为显著正相关。消极情绪可以警醒员工相关问题，并推动他们通过创新思维努力改善面临的问题，因此在支持性的情境中，当积极情绪、消极情绪均达到最高点时，创新行为达到最高，主管所提供的支持性的情境包括发展反馈、展示人际公平及表现信任。To等（2012）的研究也表明，对积极情绪的激活有益于创新过程管理，特别是在目标导向及主管支持较高的情境中。Davis（2009）通过元分析对62个实验室研究及10个非实验研究做了总结，发现积极的情绪能够提高创新行为，情感强度和创新绩效之间存在线性关系。Bledow等（2013）认为，一天中早晨的负面情绪如果逐渐降低而正面情绪逐渐增强，则会产生较高的创新行为，相比一直处于正面情绪状态而言，情绪转移的参与者显示出较高的原创性和较高的认知灵活性。

积极的个性能够创造积极的创新自我效能，因而能够提高个体的创新行为。Kim等（2009）通过三个纵向研究对香港146名员工的研究发现，积极的个性与员工创新行为显著正相关，创新行为与职业满意度及可感知的内部状态正相关，员工创新行为对积极个性与职业满意度、可感知的内部状态之间的关系起充分的中介作用。

Beeftink等（2012）对荷兰建筑业的设计师及商业人士共276名人员的职业成功进行了调查，研究结果表明，对设计师而言，创新认知模式直接或间接地通过设计自我效能而达到成功。自我调节通过自我效能间接地达到成功。对商业人士而言，自我调节通过自我效能直接能达到成功。Barrick等（1991）以北美一所商学院的大学生为研究样本，检验了大五人格特征对个体创新行为的影响，研究表明，外向性和开放性对创新行为具有显著的正相关效应，当外在动机较强时，外向性和开放性对创新行为影响也较强，仅当外在动机较低时，宜人性才与创新行为正相关。

Kark等（2009）认为心理安全感与大学生活力呈显著正相关关系，大学生活力会产生创新性的工作参与。Chen等（2011）通过对台湾保险相关部门员工的调查发现，个体主动和技能多样性对创新行为具有显著的正向影响，知识专业性和创新资源对二者的关系具有调节作用，高的知识专业性能够弥补低的主动性的不足，而充足的创新资源能够增强高的主动性对创新行为的影响。Grant等（2011）采用现场和实验室数据进行的三个研究表明，亲社会动机能够强化内在动机对自主创新的影响。Stajkovic等（1998）认为员工的认知模式及对员工创新性的组织支持会影响员工的反馈寻求行为，进而影响员工的积极性行为，如寻求反馈不仅仅是一种个体适应性的战略，而且是员工提高创新行为的一项重要资源。

个体价值观、道德哲学模式等会影响创新行为。Rice（2006）通过对埃及员工的调查，检测了个体价值观、组织情境对创新行为的自我感知的影响，研究表明，相比那些将遵从和权力视为主要价值类型的员工，那些持自我观的员工在工作场所表现出更多的创新行为。支持性的监督及关怀、商讨的工作环境更有利于创新行为的培育。BierlyIII等（2009）检测了创新行为与伦理思想之间的关系，研究发现，个体道德哲学模式由两个独立的伦理思想维度组成——理想主义和相对主义，研究发现，创新行为与理想主义具有正相关关系。创新的个体更易成为情境主义者，更加理想化，部分在于对社会的不灵敏而产生“创造性的人格”特征。Zampetakis等（2010）检测了时间管理与创新行为之间的关系，研究结果显示，创新行为与日常规划行为、长远规划、可感知的时间控制显著正相关，与组织破坏显著负相关。

2.4.5 小结

本部分主要对员工创新行为的概念、测量、前因变量进行了文献梳理，并通过对文献的回顾发现：

（1）关于创新行为的概念，东西方学者普遍赞同创新行为是新颖而有益的想法的产生，但对创新行为的维度，至今没有形成统一的定论。目前的研究涉及一维度、三维度和五维度之说。相比较而言，实证研究中更多地采用一维度之说，即将创新行为视为一维变量。

（2）对创新行为的前因变量的探讨，目前学者们主要基于两个研究视角进行，即社会情景因素和个体特征因素两个方面，较少的学者从两个影响因素的交叉视角进行。

（3）通过文献梳理，我们发现，目前学者们较多地讨论创新行为的影响因素，而对创新行为的结果变量探讨较少，目前较少的研究涉及员工创新行为对组织绩效的影响。同时，对创新行为可能带来的负向或破坏性影响还处于空白研究阶段。

（4）就研究方法而言，目前的研究主要采用横截面研究及个体层面、团队层面或组织层面的单一层次的研究方法，对三个层面的跨层次研究仍然处于开拓性阶段，也存在着较多的研究空白。同时仍需进一步发展纵向研究。

2.5 小结

本章通过对冲突管理、心理授权、政治技能、创新行为四个主要变量的文献分析，研究发现：

（1）在冲突管理理论方面，未来有待于从以下几方面进一步完善冲突管理理论：①跨文化背景的研究；②冲突管理影响机制的研究；③劳资关系情景下的研究。本书以中国劳资关系情景作为研究切入点，为以上三方面的理论完善提供了可能性。

（2）在心理授权理论方面，有待于从以下几方面进一步完善心理授权理论：①组织内、外部环境因素，包括个体和集体因素对心理授权的影响；②心理授权的中介作用机制的进一步拓展。本书将以心理授权的中介作用作为一条路径进行分析，进一步扩展心理授权的中介效应范围。

（3）在政治技能方面，有待于对政治技能可能带来的积极和消极作用分别进行深入探讨，本书将对这种作用进行验证，以进一步探讨政治技能究竟对员工工作行为存在正向影响还是负向影响。

（4）在创新行为方面，现有研究对社会情景因素和个体特征因素两个方面的交互研究较少，本书以这两个因素对创新行为的交互影响作为研究切入点，为进一步完善创新行为理论提供了可能性。

第3章　理论基础与研究假设

本书在对劳资冲突管理、心理授权、政治技能及创新行为进行国内外文献分析的基础上，以认同冲突管理理论为理论基础，提出本书的研究假设，旨在探讨劳资冲突管理对创新行为的影响机制，并进一步探讨心理授权和政治技能在二者关系之间的中介和调节效应。本章内容共分为四部分：首先阐述研究的理论基础；其次推理冲突管理对创新行为的影响；再次在冲突管理对员工创新行为关系的基础上，探索员工心理授权对二者关系的中介效应；最后探讨员工政治技能在冲突管理与创新行为关系中的调节效应，以及心理授权、政治技能对冲突管理与创新行为关系的联合效应。

3.1　认同冲突管理理论

Fiol等（2009）以冲突管理理论、社会认同理论及组织认同理论为理论基础，构建了难处理的认同冲突解决模型，如图3-1所示。

图中最上部分，提升一体化目标和结构可能导致持续的群体和谐。然而在面临难以处理的冲突时，这些目标和结构很有可能产生威胁，除非冲突双方不仅能够认同子群体，而且认同上级，即持有双重认同观点。有研究表明，同时促进群体成员间的特殊性和统一性，可能会提高每个群体成员间的双重认同，但只有在子群体认同没有威胁到每个群体安全认同的特殊性的基础之上。然而，只有通过分解群体间的认同，这种发展认同安全的干预措施才有可能成功。最后，认同分解将会通过干预措施来提升冲突双方正念的能力，使他们重新考虑群体间关系的本质。

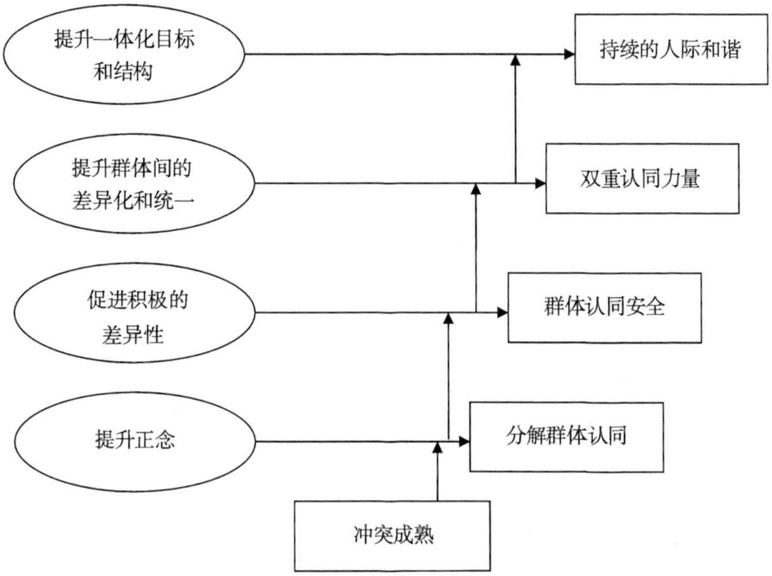

图3-1 难处理的认同冲突解决模型

难处理的冲突解决模型包括八个过程：

（1）提升一体化目标和结构可能导致持续的群体和谐。一体化使得群体成员能够更好地理解他人的相似价值观和态度，而忽视差异性（Cook，1984）。结构一体化机制包括促进各方的直接联系，建立联系角色，支持融合。例如，有时加强群体间的联系能够更好地促进人际和谐而不是产生更多的敌意（Desivilya，1998；Worchel，1986）。如果群体成员间长期存在非共有性认同，则共同目标会被视为异端。如果那些子群体间的认同能够为其他子群体所认同，但被上级目标视为威胁，成员间很有可能会将非认同升级。由于难以处理的冲突的特征之一是冲突双方倾向于过滤新信息以适应他们自身的信念。通过结构一体化所得来的信息，就可能处于忽略状态。事实上，它很有可能以一种选择的方式为负面刻板印象提供支持。

（2）双重认同能够进一步强化提升一体化目标和结构可能导致的持续的群体和谐二者之间的关系。当子群体和上级认同保持一致时（即双重认同），个体能够获得对方群体更高的接受度，随之，双重认同则会使双方群体利益达成一体化目标或结构。Gaertner和Dovidio（2000）的实证研究表明，双重认同方式能够减少群体间的偏见。Bizman和Yinon（2004）对以色列世俗—宗教情境下的双重认同的理解是，双重认同是个体以问题解决的方式而不是以有争议的方式管理冲突的唯一前提。因此双重认同能够带来更多的问题解决方案，减少人际偏见，使得群体成员能够更加开放地寻找双方群体均能接受的解决方案。

（3）提升群体间的差异化和统一会导致双重认同力度增强。组织冲突的理论表明，人们与其他群体间的差异和统一会促进双重认同的接受。Roccas和Brewer（2002）提出了认同复杂性理论（identity complexity），反映了个体作为群体成员的重叠程度。个体感知到的他们所属的群体成员数量越少，相同原型归因越少，他们的社会认同越复杂。认同复杂性越强，认同越容易被感知为与他人间的冲突。

（4）子群体的认同安全性越强，则群体间的差异化和统一导致的双重认同感越强。研究发现，子群体的认同安全性与上级认同的接受性密切相联。Zerosum，等开发了一个ASPIRE模型，认为子群体的目标在与上级目标相联结之前必须首先确保自身的需求是安全的。与此相似的是一个假设，即子群体的认同安全性与上级认同的差异性是相关的。因为通过促进群体间的相似性来建立安全性很可能是事与愿违的。如果子群体认同和上级认同被感知为彼此竞争时，认同安全性在有效的、明显的子群体认同情境下显得尤为重要。安全的子群体认同能够建立心理安全感，并使双重认同以较少的防御性来获得接受。

（5）促进积极的差异性会导致认同安全。Fiol等（2009）指出差异性（包括技术），经常会提高子群体间的独特性、吸引性和逻辑技巧，例如“我们”的使用，会加强群体联结，使得群体感到差异性的存在，就会以一种相似的差异化来定义角色。那些在任务方面相同的群体成员能够通过一个有意义目标的实现而点燃他们的激情，这也解释了共同任务的唯一目标是发展安全的子群体认同。这些技巧并不仅仅是让群体感到其特殊性或差异性，而是通过建立积极的差异性来实现认同安全。

（6）群体间的认同分解的越彻底，积极的差异性越容易促进群体间认同安全的发展。认同分解能够发展更多的安全的、积极的群体间的认同，因为它能够清除那些限制群体成员提高认同安全的感受技巧，这些认同安全是通过积极的差异性获得的。

（7）提升正念会导致分解的群体间的认同。Fiol等（2009）的相关研究表明，正念通过第三方的干预能够发展和培育差异性。例如，第三方能够通过询问新类型的问题，而不是要求主流的回答，为冲突双方重新定义“注意”。他们会就相关问题尽可能地以试探性地而不是以绝对术语和一致的模糊性来表达结论。正念促使群体成员重新思考群体关系的本质，对“我们与他们”的意义重新进行分类，对新的信息采取开放性态度，对群体认同进行分解。在群体认同分解的情况下，正念为人们建立一种能力或能量，使得人们能够打破认同的消极心理。

（8）随着冲突升级，提高双方正念的努力越多，越能产生分解的群体认同。成熟包括一种正念，即承认“双方关系的本质发生变化，从竞争性的、无望的、破坏性的方向转向为共赢而合作的、共处的方向”（Coleman，2000）。如果人们没有意识到他们不放弃旧的方式或更大的利益，则冲突的成熟是不可能发生的。成熟有两个重要的前提：同甘共苦的潜在意义，能够感知到当前的情况对彼此都不利或者加强合作的激励性，使得群体成员重新思考他们之间的关系。Coleman（2000）进一步指出，对冲突成熟产生负面影响的因素实际上可能会为已经雪上加霜的关系增添更多的压力。认为清除冲突成熟的障碍是推动冲突成熟的一种有效的方式。

总之，难解决的冲突处理模型提供了一种解决难处理冲突的路径，通过一系列的状态改善来促进持续的群体和谐——从冲突成熟到分解的群体认同，再到子群体认同安全，到更强的双重认同，最后达到持续的群体关系的和谐化。从经过冲突成熟的初始状态始，每一种状态的实现都需要经过特定的干预措施，每一步都受到前面状态的调节。过程一开始，群体成员必须从共有的非认同状态中脱离出来，这个结果促进了冲突的成熟及正念的推广。分解认同的结果可能是不安全的，特别是互不相容可能是每一个群体认同的重要组成因素。因此，领导者应通过提升群体的积极的差异性来强化群体内部的认同安全性。一旦群体认同被认为是有效且安全的，他们更可能会建立牢固的双重认同基础，结果是群体差异和统一的进一步提升。只有当群体成员持有强烈的双重认同，一体化的目标或结构才有可能导致群体间的和谐。

认同冲突管理理论为本书劳资冲突管理行为—员工心理授权—员工行为的路径提供了基础理论的解释，当领导者采取干预措施来提升群体的积极的差异性时，就会强化群体内部的认同安全感，一旦群体成员持有强烈的双重认同，则双方就会为一体化的目标而努力。

3.2 社会交换理论

19世纪和20世纪是交换理论的兴起和发展时期，亚当·斯密是古典经济学的代表人物，他假定人是理性的，论证说人们之间的交换也可以用理性的科学来研究，在这种理性科学中，“人性法则”处于演绎系统的顶端。功利主义是从早期物理科学的思想中借用理论概念作为公理或法则的逻辑推理系统，以及从“经济人”法则中理性地推导出来的、不同层级的命题，因此大多数交换理论呈现出命题形式。

弗雷泽、马林诺斯基、莫斯和列维·斯特劳斯从人类学角度对交换进行了分析。1919年，弗雷泽在《圣经旧约中的民俗》的第二卷引导出了有可能是关于社会制度的第一次明晰的交换理论的分析。马林诺斯基的交换论思想从根本上改变了弗雷泽的功利主义倾向，提出了非特质交换论，强调符号性交换对个人心理和社会整合模式的重要性。莫斯针对马林诺斯基过分强调心理需要而忽视社会需要的倾向，力图系统地阐述集体主义或结构主义交换观点，认为互惠性的“动力”来自社会或群体。列维·斯特劳斯提出了一些基本的交换原则。

心理行为主义的代表人物巴甫洛夫和桑代克也给了现代交换论者关于心理学方面的启发，从行为主义那里借用了酬赏的概念，并用来解释功利主义的交换理论。酬赏概念经常取代效用而被引用，主要是因为酬赏概念有助于交换论者把人类行为看作是受心理需要驱使的。在社会学领域，交换论与冲突过程理论是一致的，早斯的社会交换理论学家以马克思和韦伯为代表。马克思理论中隐含的交换论思想有一点是明显的：辩证冲突理论是交换论的一个变种。齐美尔在《货币哲学》一书中批评了马克思的“劳动价值论”，同时明确解释了交换理论。齐美尔的想法被整理成一些抽象的交换原则，如吸引原则（attraction principle）、价值原则（value principle）、权力原则（power principle）、张力原则（tension principle）。其中张力原则认为，在社会交换中，行动者越是力图控制局面来掩盖对某种资源的需要或隐藏这种资源的可用性，那么，交换中的紧张程度就越大，也就越有可能引发冲突。

20世纪60年代以后出现了一种明确的社会学的交换论方法，成熟的交换论以霍曼斯的行为主义方法、布劳的辩证方法、埃默森的交换网络理论等为代表。这些思想家认为社会领域的特征在于，生活于其中的行动者在同他人的关系中受其得到的酬赏或效用的需要的驱使而彼此交换资源。霍曼斯的交换命题包括：成功命题（success proposition）、刺激命题（stimulus proposition）、价值命题（value proposition）、剥夺/满足命题（deprivation/satiation proposition）、攻击/赞同命题（aggression/approval proposition）和理性命题（rationality proposition）。霍曼斯的“理性命题”，综合了刺激命题、成功命题和价值命题的内容，认为交换关系可以用公式来表明：行动=价值×可能性。布劳认为，群体中的权力分化造成了两股相互冲突的力量：①整合的倾向；②对立和冲突的倾向。20世纪60年代，埃默森追随齐美尔的理论传统，寻求关于基本交换过程的形式社会学，将交换理论与网络分析结合起来，认为基本的交换关系受以下基本过程支配——权力的运用和平衡，并提出了单边垄断、劳动分工、社交圈和分层的基本社会形式。

20世纪80年代，巴卡拉克和劳勒开始探讨交换关系中的讨价还价过程，将讨价还价分为隐含的或清晰的、分配性的或综合性的四种类型。其中，讨价还价被概念化为行动者对其潜在利益冲突认识的结果。埃默森的方法可以解释更为调和性的战术——行动者通过做出让步来协调他们冲突的解决，但是权力–依赖途径并不能很好地解释惩罚性或强制性战术。在惩罚性情境下，行动者被强加附加成本，在这些成本上会产生简单地离开交换关系的结果，从而剥夺交换中另一行动者的资源。权力的惩罚性运用与平等的权力关系相比会提高敌意，在讨价还价中产生更少的调和。Lawler（1987）认为惩罚手段的运用因为两个相反的动态而变得复杂，这两个动态分别是①双边威慑；②冲突盘旋。在双边威慑（bilateral deterrence）模型中，每一方都害怕他人的适意的、惩罚性的报复攻击，这种相互的恐惧会减少任一方发起攻击的可能性。在冲突盘旋（conflict-spiral）模型中，对一个行动者使用权力的预期导致他人做出抢先的攻击，这又导致反击，从而形成一个不断升级的循环。这一区分是明显的，因为当权力由相对平等状态转向不平等状态，每一个模型会对将要发生的事情做不同的预期。在双边威慑模型中，权力优势行动者会利用其权力优势并发起攻击，因为没有什么阻止他如此行事，而权力弱势行动者也会运用他的权力，因为他预料到权力优势行动者对权力的运用，并通过惩罚性行动告知权力优势行动者，他的压榨性或惩罚性行为不会不遭到报复。在冲突盘旋模型中，相对权力会产生超越报复成本的诱惑，使某一个行动者做出抢先攻击，引发报复与冲突的盘旋升级。但是，权力向不平等的状态转移，使权力弱势的一方认识到向权力优势的一方发起进攻会得不偿失，而权力优势的一方若是对此有所认识，会降低其对攻击的期望，因此较少运用压榨性与惩罚性战术。

21世纪初对员工交换行为的研究仍关注于交换形式的研究，员工是采取一种交换形式，还是采取其他形式的交换行为（组织公民行为、领导-成员交换、协议）？Flynn（2005）认为员工所采取的交换方式与他们获得他人的认同方式密切相关，认同导向帮助员工根据自身所处情境定义他们自身（Albert et al.，2000）。认同导向包括个体型、关系型和集体型。近期研究在评价员工与他们互动和合作的意愿时强调认同导向的重要性（Chatman et al.，2001；Chatman et al.，1998；Dukerich et al.，2002）。员工是否选择合作的方式依赖于他们的认同导向。反过来，采取何种交换形势会促进或强化员工的认同导向，如表3-1所示。

表3-1　组织中的社会交换形式与认同导向

认同导向	评价基础	参照方式	目标/动机	偏好的交换类型	直接/间接的回报	交换形式的清晰或不清晰的讨论
个体型	个体特征	自我–他人的比较	仅关注自身利益	谈判的	直接	清晰
关系型	对角色和合适的行为的考虑	角色和合适行为的完成	关注自身和他人利益	互惠得	直接	不清晰
集体型	群体特征的体现	群体–群体的比较	关注集体利益	广义的	间接	不清晰

那些认同导向为个体型的员工会偏好谈判式交换，此种方式下回报的本质是直接且可以清晰讨论的。认同导向处于关系型的则偏好互惠式交换，此种方式下回报是直接的，但是开放式的讨论和有价值的回报是不被允许的。认同导向为集体型的则偏好广义交换形式，此种方式下期望回报，但其本质还不为人所知。员工会根据认同导向偏好建立不同的交换形式。

认同导向能够帮助解释员工选择不同的交换方式及交换动力的影响。认同导向会不断变化是因为他们会受到社会激励的及可感知到的周围环境的影响。由于这些因素的影响，社会认同被激活，特定现象，如群体吸引力、去个性化，认同冲突等，都会影响员工对特定交换方式的偏好。反过来，社会交换方式也会强化员工的认同导向，特别是在面对不同的交换伙伴时。

以上述社会交换理论为理论基础，引入中介变量心理授权，当雇主（管理层）与雇员（员工）发生冲突时，雇员（员工）所采取的交换方式与雇主（管理层）对他们的认同方式（即冲突管理行为）密切相关，同时员工根据这种认同方式来定义他们自身，从而形成对工作意义、自我决定、胜任力、影响力等心理授权因素的感知，最终决定采取何种交换行为（是否有创新行为）。

3.3 心理授权的中介效应

在管理学领域，心理授权是考察相关变量之间关系的一个重要的中介变量。例如相关学者检验了心理授权在个体因素（例如目标导向）和情景因素（例如组织创新气氛、变革型领导）对员工态度和行为之间的中介作用（Gong et al., 2009；李超平 等，2006），即个体因素或情景因素通过心理授权间接地对个体的态度和行为等结果变量产生影响。以往的研究对情景因素对员工工作行为的作用机制的研究多关注于变革型领导、组织气氛、领导—成员交换关系、参与式领导、授权型领导等方面，却未有从劳资冲突管理行为的视角进行研究。因此本章的主要目的是探讨劳资冲突管理行为如何通过心理授权来影响员工的创新工作行为。

3.3.1 劳资冲突管理行为与员工创新行为

根据社会认同理论（Ashforth et al., 1989）和群体价值模型（Tyler, 1989），在群体中个体成员进行社会认同信息交流的过程中，领导行为起着非常重要的作用。如果领导风格以支持行为为特征，就能够提高成员对群体的心理依恋，因此群体成员很有可能融入他们自身的自我概念发展出集体共识与群体价值观。Deutsch（1973，1980，1990）指出，群体成员对于他们目标的信念在很大程度上影响冲突管理的互动和结果。

1.合作型的冲突管理行为与员工创新行为

合作型的冲突管理行为与问题解决紧密联系，包括问题诊断和问题干预等。这种冲突管理方式包括开放性的沟通和交流、交换信息、寻求替代解决方案、对双方差异的检验，以产生能为冲突双方所接受的高效能的解决方案。它能够整合冲突双方的技术、信息和其他资源，重新定义问题，形成一个高效的可替代性方案。

在合作型的冲突管理中，组织中所有人强调目标的达成，雇主（管理层）和雇员（员工）都在为这个目标的实现而不断努力，所以一旦意识到某人的成功能够推动其他人的成功时，他们就会把冲突视作一个需要共同考虑和共同解决的共同问题。对合作目标的强调导致了共同交流信息及开放式的讨论，反过来有助于开发出新颖的、互惠互利的解决方案。合作型的冲突管理使得冲突双方确信，他们能够通过冲突来开发高质量的解决方案，同时能够增强他们之间的关系。有了这种信念，双方就会成功地处理他们之间的差异，高效地解决问题。合作型的冲突管理使得冲突双方能够直接地表达他们的想法和感受，站在他人角度考虑问题，为了共同的利益互相交流信息，将他们各自的观点整合到一起以开发出新的解决方案（Tjosvold，1998）。

Tjosvold（1998）的研究表明，合作、问题解决能力与活力密切相关，无论是个体层面还是团体层面。Gelfand等（2012）通过银行业的数据检验了冲突文化对组织活力和组织绩效的影响，研究表明，合作型的冲突文化会增强集体层面的活力，带来高凝聚力、高效能和低倦怠。Lovelace等（2001）对43个工作团队的实证研究表明，跨职能团队的创新行为和成本效益取决于工作分歧被管理的方式，这包括团队领导以及团队成员。当产生工作分歧时，双方如果采用合作的沟通交流方式，则能显著地提升团队成员的创新行为，而如果缺乏争议，则与团队成员自由表达与任务相关的疑问及坚持预算和进度的能力显著相关。因此，当团队成员之间能够进行合作式的交流时，如果成员能够自由表达疑问，则整个团队是创新的，工作效率是高效能的。

因此，当雇主（管理层）和雇员（员工）发生冲突时，如果采取合作型的冲突管理方式，则双方基于共同目标和集体利益的考虑，会对产生冲突的问题采取开放性的解决方式，双方都会站在对方的立场上，整合差异性，共同开发出双方都能接受的新的解决方案。基于此，本书提出假设：

H1：合作型的冲突管理行为对员工创新行为具有正向影响。

2. 竞争型的冲突管理与员工创新行为

竞争型的冲突管理被定义为输赢导向的，一方通过强制行为使自身处于有利地位。竞争型或强制型的冲突管理由于过于关注一方的目标达成而往往忽视其他各方的需求和期望。

当雇主（管理层）将雇员（员工）的目标视为竞争性的，并将他们自身的观点强加于对方，则雇主（管理层）既不将雇员（员工）的经验视为有价值的，也不会尊重雇员（员工）的观点和努力。因此对冲突双方的想法进行评估以进行整合是不可能的，雇主（管理层）经常会潜意识地过滤掉从雇员（员工）处得到的有价值的信息。研究表明，那些采取竞争性冲突管理行为的雇主（管理层）不可能反思他们的工作，增加对组织的贡献（Tjosvold et al.，2004）。而且，竞争性的冲突管理方式增加了双方之间的冲突，进而阻碍沟通，为双方之间的有效合作及任务的完成设置了障碍。过度的争斗、竞争与过度的对抗会降低活力，无论是个体层面还是集体层面（De Dreu，2008）。竞争型或支配型的冲突文化会降低组织活力，导致低凝聚力，低效能及高的工作倦怠（Gelfand et al.，2012）。

基于此，本书提出假设：

H2：竞争型的冲突管理行为对员工创新行为具有负向影响。

3. 回避型的冲突管理与员工创新行为

回避型的冲突管理倾向于抚平冲突双方矛盾，将冲突双方的商讨最小化，不同于合作型的冲突管理鼓励直接商讨。回避型的冲突管理认为不应该对冲突进行公开的讨论和处理。以往的研究认为，回避型的冲突管理往往具有反作用。研究表明，回避型的冲突管理会强化竞争性冲突，而对合作型的冲突具有增益效应（Barker et al.，1988；Tjosvold，1998）。例如，项目经理如果在冲突处理过程中运用竞争+回避的冲突管理方式，则会使团队成员降低对组织的承诺（Barker et al.，1988）。而项目经理如果在冲突处理过程中运用合作+回避的冲突管理方式，就会产生高水平的生产性冲突，进而产生创新性的战略领导行为。

亚洲人在处理冲突时倾向于使用回避型的管理方式，而西方人往往直接面对冲突。大量跨文化的心理学和管理学研究表明，相互依存的意识能够解释这些差异（Triandis，1996）。亚洲人集体主义意识强，他们的身份被嵌入人际关系之中，很容易受与他人关系的影响，因此在公众场合，他们对可能“丢面子”的事情非常敏感。因此当面临冲突时，他们会尽力避免冲突以免失去他人的尊重，或造成与他人疏离（Cocroft et al.，1994）。集体主义价值观会产生和谐，抚平冲突，以维持良好的关系，保护面子。和谐观则意味着亲密、信任、兼容和共赢的行为。易于劝服的特点能够帮助中国情境下的冲突双方发展出相互尊重、互相合作的关系，对持相反意见的人或相反观点保持开放性态度（Tjosvold et al.，2001）。因此集体主义价值观意味着冲突处理的公开化，中国情境下人们会利用对关系的敏感、对面子的重视，以确保他们所尊重的人能够探索反对意见，从讨论中学习，思考反对意见中有用的观点，产生新的决策方案。基于以上分析，提出假设：

H3：回避型的冲突管理行为对员工创新行为具有正向影响。

4. 迁就型的冲突管理与员工创新行为

迁就型的冲突管理表现为对个人的低关心度及对他人的高关心度，力图降低差异性，强调共同性，以满足各方需求。顺应是一种谦虚行为，倾向于和大多数人保持一致而不是站在大多数人的反对面，顺应行为更多地关注团队的和谐而不是谈判的整合性及乐观的解决方案。顺应包括退让以及对职位权力的屈从。迁就型的冲突管理方式使得其中一方，为了与冲突一方继续相处下去而暂时赞同一方的观点，屈从于职位所带来的压力。因此，当雇主（管理层）或公司与雇员（员工）之间发生冲突时，如果雇主（管理层）或公司采取迁就型的冲突管理，则意味着雇主（管理层）或公司将会站在员工的立场上考虑问题，这将有利于员工的创新想法的实现。基于此，本书提出假设：

H4：迁就型的冲突管理行为对员工创新行为具有正向影响。

5. 妥协型的冲突管理与员工创新行为

妥协型的冲突管理与合作型的冲突管理都强调对工作任务的联结，冲突双方都积极寻求充分的信息，有意识地为问题的解决及目标的达成而工作。所不同的是，对工作任务的完成所表现的关注度不同，对问题的解决是采用整合还是折衷方案的程度不同（Lewicki et al.，1992；Rahim，1983）。因此都强调冲突双方高的目标关注度及参与性，进而提高员工的问题解决能力。因此当雇主（管理层）

或公司与雇员（员工）发生冲突时，双方会积极寻求一个中间路线，双方各退一步，站在对方的利益上考虑问题，因此有益于员工的创新行为的产生。

H5：妥协型的冲突管理行为对员工创新行为具有正向影响。

3.3.2 劳资冲突管理行为与员工心理授权

当前学者们认为情景因素是影响心理授权的重要因素（Kirkman et al.，2004；Seibert et al.，2004；Spreitzer，1996，2008）。这些情景因素包括：高绩效管理系统、社会政治支持、领导、工作设计特征等。Spreitzer（2008）的研究表明，支持性、信任的领导下属关系是心理授权重要的前因变量。领导者可以通过提供与战略或业务目标相关的信息使得员工能够认识到自身的价值，以提升工作意义，他们也可能通过提供员工更多的参与机会和自主性以提高员工的自我决定感和工作影响，另外领导也能为员工树立榜样，以及为员工提供反馈和指导。角色定位和提供有建设性意义的反馈是员工自我效能的重要来源，能够提高员工的竞争力。Seibert等（2011）通过多元分析验证了情景因素对个体层面和集体层面的心理授权的影响，研究证实了高绩效管理系统、社会政治支持、领导、工作设计特征等情景因素对心理授权的显著正向影响，并且情景因素对心理授权的影响显著大于个体特征对心理授权的影响。Thomas和Velthouse在研究中指出，内在工作动机不仅受到外部情境的影响，而且还受到个体对情境因素如何解释的影响。因此，组织可以通过干预措施改变环境因素或者改变员工解释环境因素的方式来提高内在工作动机。具体模型如图3-2所示。

1.合作型、回避型、迁就型、妥协型的冲突管理与员工心理授权

Thomas和Velthouse在提出“环境因素影响内在动机”的理论之后，相关学者进行了大量的实证研究。冲突管理方式对团队成员，特别是那些被授权的、自我管理的团队成员而言，是一个非常重要的因素。Romer等（2012）对荷兰一家保险公司的145名员工的实证研究表明，员工所感知到的领导的冲突管理方式能够增强冲突对压力产生的影响，当冲突是关系导向型的，领导的问题解决行为可

以降低员工的压力水平，因此员工如何感知领导的冲突管理风格能够影响员工的身心健康。由于问题解决行为包括询问冲突双方各自的观点，因此易被冲突双方解释成关注对方利益，很明显，如果领导询问员工的意见和感受能够提高员工对自身所处环境的控制感。同时，如果领导在处理与员工的人际冲突时，采取问题解决的冲突管理方式，则员工会形成这样的一种感知，即领导试图创造共同目标和共同基础，从而忽视与员工之间的人际差异。合作型、回避型、顺应型、妥协型的冲突管理风格都强调冲突对方的利益，以合作为基础（合作水平程度不同），倾向于通过整合、回避、退让或折衷等方式对问题重新定义，以产生一个新的解决方案。Deci等（1989）指出，主管对问题的参与能够提高员工的内在动机，自我价值感及自我效能感，这种领导行为倾向于培养员工的心理授权，增加下属的自我效能感和控制感，减少员工对环境的无力感（Arnold，2001）。Ahearne等（2005）指出，参与性领导行为能够增强员工的自我效能，而自我效能是心理授权的重要维度。基于此，本书提出以下假设：

H6：合作型的冲突管理行为对心理授权具有正向影响；

H7：回避型的冲突管理行为对心理授权具有正向影响；

H8：迁就型的冲突管理行为对心理授权具有正向影响；

H9：妥协型的冲突管理行为对心理授权具有正向影响。

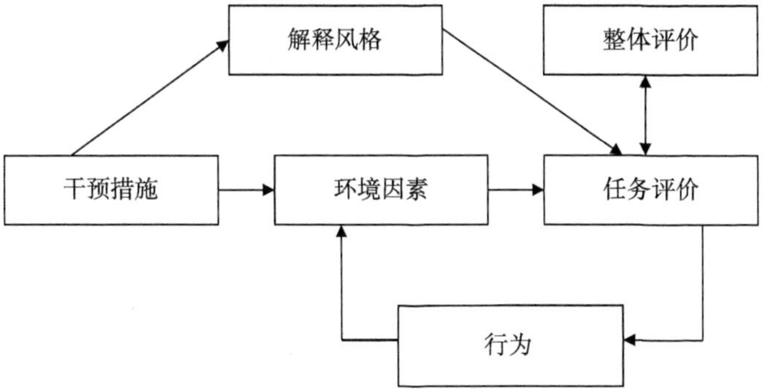

图3-2　授权的认知模型

资料来源：Thomas K W，Velthouse B A.Cognitive elements of empowerment：An interpretive model of intrinsic task motivation[J]. The Adademy of Management Review，1990，15（4）：666-681.

2. 竞争型的冲突管理与心理授权

强制型或竞争型的冲突管理方式在处理冲突双方矛盾时，会将问题处理视作一个有输有赢的局面，一旦冲突一方形成这样的观点，即个体成员可以以他人目标的实现为代价来实现自己的目标，会采取行动要求对方服从他们的行为（Tjosvold et al.，2006）。由于不期望其他个体会以开放和迁让的方式来回报他们，这也将会阻碍他们努力，他们往往不够灵活，将会陷入僵局或者通过强权来解决问题，这将会使员工处于一个非常复杂的环境，增强员工的紧张感和负面情绪，使得员工失去对环境的控制感和影响力，从而降低员工的自我效能感，降低对工作意义的认知。基于此，本书提出假设：

H10：竞争型的冲突管理行为对心理授权具有负向影响。

3.3.3 心理授权与创新行为

以往的研究表明，心理授权的4个维度（工作意义、自我效能、自我决定和影响力）都能促进员工的创新行为。只有当员工意识到创新在工作中的重要性，他们才有可能参与到创新工作中去（Speller et al.，1975）。Shin等（2012）在检验认知团队多样性对个体成员的创新行为的正向影响时指出，创新性的自我效能调节二者之间的关系，具有高自我效能感的个体认为，他们能够有效地解释和整合不同的想法和观点，因为他们的关注点在于创新性的工作任务，而很少被心理焦虑感分散精力（Bandura，1997）。而那些自我效能感较低的个体，则会质疑自身的能力，他们可能会将不同的想法及信息解释成与自身保持一致的观点（Swann et al.，1987），最终缺少与其他人想法的协同性。同时自我效能感由于对新的信息的整合及利用（Brown et al.，2001），能够产生积极的学习态度及发展意识（Noe et al.，1993），具有高效能感的个体能够将不同的观点和想法视作他们工作中的机会，而低效能感的个体则将这些有差异的观点和想法视作威胁（Staw et al.，1981）。Bass（1985）认为自我控制和影响与创新行为正相关。

相关学者在进行心理授权与创新行为之间的关系研究时，除了将心理授权作为单一变量进行研究，还对心理授权的各个维度与创新行为之间的关系进行了探索性研究。Spreitzer（1995）把心理授权定义为个体对工作角色的评价（包括工作意义、自我效能、自我决定和影响力4个维度）而产生的内在动机。内在动机是指对正在完成的、建立在兴趣基础之上的工作付出努力的期望（Amabile，1996；Ryan et al.，2000）。心理学家和组织行为学者一直认为，内在动机是创造力的重要推动因素，研究者们确立了三个相互联结的心理机制，能够通过内在动机来影响创造力。第一种观点来自情感理论学家，认为当员工内在动机被激发时，他们能产生积极的情感（Silvia，2008），这能够通过扩大认知可用信息的范围，提高对一系列想法的关注度，激励认知灵活性识别模式（Grant et al.，2011）等提高创新行为。第二种观点来自自我决定理论学家，他们认为，当内在动机被激发时，他们在学习方面的兴趣和好奇心将会提高他们认知的灵活性，愿意承担风险，具有开放性和复杂性，进而产生新的想法和可能的解决方案（Gagne et al.，2005）。第三种观点是，无论是情感学家还是自我决定理论学家都认为内在动机通过激励持久性来提高创新行为。从情感的角度，内在动机通过培养积极情感、增强心理参与，为持续的努力积蓄力量，产生大量的时间以使员工愿意并且能够完成工作（Fredrickson，1998）。从自我决定的角度，内在动机能够通过培养自信和兴趣，激励员工不断地接受具有挑战性、复杂而又不熟悉的工作任务（Gagne et al.，2005），以及集中精力更有效地完成这些工作任务。

基于以上分析，提出假设：

H11：员工心理授权对员工创新行为具有正向影响。

3.3.4　劳资冲突管理行为、心理授权与创新行为

行为学派（behaviorist school）认为，人的行为是个体因素及其环境因素的函数，把中介机制当成一个“黑箱”。因此员工需要一个支持和鼓励他们的工作情景以进行创新行为（Perlow，1999；Schor，1991；Taylor，1963，1972）。互动论学者检验了支持性工作情景（例如与主管或同事之间的关系）对创新行为的正向

影响（Madjar et al.，2002；Oldham et al.，1996；Shalley et al.，2009）。Simmons指出，企业愿意雇佣那些存在个体差异的员工，因为他们更能产生创新性的成果，因此开放性的程度与创新绩效具有显著的正相关关系。

Amabile（1996）认为，社会情景通过个体动机促进或阻碍创新行为的产生，个体动机状态在社会情景和员工创新行为之间起中介作用。部分研究学者通过实证研究检验了社会情景如何通过心理授权对员工创新行为产生影响。Liao等（2010）通过纵向的跨层数据检验了主管和员工之间的交换关系如何影响员工创新行为，认为自我效能感在二者之间起中介作用，同时指出，主管和员工之间的差异性调节二者之间的关系。Eisenberger等（1999）验证了内在动机（intrinsic motivation）在主管的参与性管理和员工组织承诺之间的中介作用。Goodman等（1999）指出，领导的可接近性与心理授权正相关，能够提高员工的生产率。Spreitzer（2008）对世界500强公司的员工调查发现，主管的参与性领导行为和下属的工作绩效被心理授权所中介。Zhang和Bartol的研究表明，心理授权在授权型领导和员工创新行为之间起中介作用。领导可以通过阐明创造性工作成果的需要、组织价值观，积极鼓励员工参与进可能产生创新结果的过程中去。Shin和Zhou的研究表明，内在动机在变革型领导与员工创新行为之间起部分中介作用。Gong等（2009）检验了员工创新效能在与学习相关的个体变量（学习导向）和情景变量（变革型领导）与员工创新行为之间的关系。

当雇主（管理层）与雇员（员工）发生冲突时，雇主（管理层）是采取合作的、回避的、顺应的、妥协的冲突管理方式还是采取竞争的冲突管理方式，会对雇员（员工）的个体动机状态产生一定的影响，进而对雇员（员工）的工作行为产生一定的影响。基于以往分析，本书提出假设：

H12：心理授权在冲突管理行为与员工创新行为之间起中介作用。

H12a：心理授权在合作型的冲突管理行为与员工创新行为之间起中介作用；

H12b：心理授权在竞争型的冲突管理行为与员工创新行为之间起中介作用；

H12c：心理授权在回避型的冲突管理行为与员工创新行为之间起中介作用；

H12d：心理授权在迁就型的冲突管理行为与员工创新行为之间起中介作用；

H12e：心理授权在妥协型的冲突管理行为与员工创新行为之间起中介作用。

3.4　政治技能的调节效应

对政治技能的调节效应我们可以从社会学习理论、社会交换理论、环境不确定性理论、资源保护观四个理论视角进行分析。

第一，社会学习理论（Bandura，1977）认为个体通过对角色榜样的关注来决定表现出何种适宜的行为、价值观及态度。这些角色榜样的高效体现在合法性、吸引性及可信性中（Brown et al.，2001）。在组织中，高效的角色榜样是那些地位和权力高，并且能够控制奖励的人。根据社会学习理论，员工通过两种方式进行学习。首先，与操作性条件反射相似，学习可以通过对后果的直接经验发生。例如，销售人员可以通过使用高压销售策略来产生高额的销售量。个体因此通过这种产生高额销售佣金的行为来进行学习，不断地重复这种高压销售策略。个体也可以不通过他们自身行为的后果经验来进行学习（Manz et al.，1981）。例如，个体看到同事冒险通过严格地削减成本而获得奖励，因此，个体可以通过学习组织对员工安全的价值观，而进行别的具有风险性的成本削减行为。学习发生后，就会产生相应的适应于环境的行为。Lazarus（1999）指出个体变量能够影响评价过程，在评价对个体目标的影响因素是挑战还是机遇时，个体关于其自身和世界的看法能够影响个体的评价。其中个体关于其自身和世界的看法是指个体如何看待其自身在周围环境中的位置。这些看法将会影响他们对情境的判断，包括对周围环境掌控的机遇。个体越自信（如那些具有高政治技能的人），在面对阻碍时，他们更可能将情境看作机遇而不是威胁。因此，当雇主（管理层）与雇员（员工）发生冲突时，如果领导采取整合的冲突管理方式，政治技能高的个体就会通过自身或同事的经验来进行学习，关注于问题的解决和目标的达成，与主管共同合作，表现出自信、享受挑战的状态，产生高的自我效能感，表现出对工作更强的胜任力，最终达成双方都可以接受的新的解决方案。

第二，社会交换理论经常被用来解释员工如何应对组织的待遇（Cropanzano et al.，2000）。社会交换理论的代表人物之一，Blau（1964）认为个体与组织之间存在着一种社会交换关系。这种个体与组织之间的关系没有被清晰地描述，而且是非正式的。在这种交换关系下，个体通过工作绩效和角色外行为回报组织对他的良好待遇。而且，他们相信这种努力工作将会获得组织的持续性奖励。社会交换的一个基本原则是互惠原则（Gouldner，1960）。互惠是普遍的，个体有义务进行互惠义务。为了维持这种互惠，各方都持续地互惠和履行义务。政治技能高的个体具有高的社会机敏性，能够根据环境调整他们的行为（Ferris et al.，2005）。而且他们能够通过对他们周围的人或事表现出真诚来适应环境。早期的组织政治学者将政治技能看作高效的重要资产（Mintzberg，1983）。政治技能高的个体能够通过把握机遇来满足自己的利益（Andrews，2009；Harris et al.，2009），并能把事情做好。政治技能高的个体具有很强的社会意识，能够与他人建立高效的网络关系，能够识别自身所处的情景，能够在工作场所准确地采取行动（Ferris et al.，2005）。政治技能高的个体通过管理人际关系实现组织目标的达成（Bengtsson et al.，2010）。

第三，环境不确定性理论认为，人们对不确定性充满不舒适的感觉，并且希望不确定性具有可测性（Lind et al.，2002）。不确定性影响人们对自身所受威胁的感知和感受。他们对不确定性导致的生活可控性及可能的结果充满忧虑。不确定性与不可预期的压力、低绩效及倦怠相关。当不确定性高时，个体会关注于减少不确定性的方式，来处理这些不舒适或高效地管理。政治技能能够提供个体这样的能力去减少组织环境中的不确定性。而且，它促使个体减少不确定性所带来的负面影响。因此，政治技能高的雇员（员工）会将与雇主（管理层）发生的冲突看作是积极的，他们能够控制环境，使环境变得可预测。而且他们会将冲突看作是达成组织目标的一种机遇，因此高的政治技能会强化冲突管理对员工心理授权及创新行为的正向影响。而政治技能低的个体则会将冲突看作环境不确定性的一种威胁，从而弱化冲突管理对员工心理授权及创新行为的正向影响。Kacmar等（2013）在研究中指出，政治技能能够消除组织政治环境中的负面影响。政治技能高的个体会无视负向的工作环境而专注于工作目标，他们会将政治工作环境看作工作成功的必要条件。那些政治技能低的个体在面临不确定环境时，比政治技能高的个体会产生更强的感受，这些感受包括忧虑、受到威胁等不舒适的感觉。

第四，从资源观的角度出发，政治技能高的个体可能会感知到更多的资源或应对方案。个体的资源不仅包括智力、健康、社会支持、精力和社会技能，而且还包括政治技能。比如，他们可能会获取更多的信息，更容易通过他人改变自身处境，他们更可能通过改变认知和行为的方式来管理超出他们自身范围的资源（Lazarus et al.，2010）。良好的应对方案往往不在于选择最好的方案而是选择最适合的方案，特别是在特定情景中，更要根据面临的情景及个体的需要做出反应，包括迅速地放弃一个可能失败的方案而灵活地转移到另一个方案（Lazarus，1999）中去。政治技能高的个体对这些事情往往应对自如，因为这些个体能够识别情景特征，改变他们自身的风格以适合情景。因此政治技能高的个体更能成功地处理工作场所的需求。Blickle等（2010）的研究表明，在从事复杂工作时，那些责任心、学习方法和政治技能高的员工更易获得成功。个体会运用这些资源去满足自身对于复杂情景中的决策制定、问题解决、创新性思维和个体能动性的高度需求，从而产生高的工作绩效。

基于以上分析，我们提出假设：

H13：员工政治技能对员工创新行为具有正向影响；

H14：政治技能在冲突管理与员工创新行为的关系中起调节作用；

H14a：政治技能会正向调节合作型的冲突管理对员工创新行为的影响；

H14b：政治技能会正向调节回避型的冲突管理对员工创新行为的影响；

H14c：政治技能会正向调节迁就型的冲突管理对员工创新行为的影响；

H14d：政治技能会正向调节妥协型的冲突管理对员工创新行为的影响；

H14e：政治技能会负向调节竞争型的冲突管理对员工创新行为的影响；

H15：政治技能通过心理授权调节冲突管理与员工创新行为之间的关系；

H15a：政治技能通过心理授权强化合作型的冲突管理行为与员工创新行为之间的关系；

H15b：政治技能通过心理授权强化回避型的冲突管理行为与员工创新行为之间的关系；

H15c：政治技能通过心理授权强化迁就型的冲突管理行为与员工创新行为之间的关系；

H15d：政治技能通过心理授权强化妥协型的冲突管理行为与员工创新行为之间的关系；

H15e：政治技能通过心理授权弱化竞争型的冲突管理行为与员工创新行为之间的关系；

H16：心理授权在冲突管理行为与员工创新行为之间的中介效应受到政治技能的调节；

H16a：心理授权在合作型的冲突管理行为与员工创新行为之间的中介效应受到政治技能的正向调节，正向调节效应显著；

H16b：心理授权在竞争型的冲突管理行为与员工创新行为之间的中介效应受到政治技能的负向调节，负向调节效应显著；

H16c：心理授权在回避型的冲突管理行为与员工创新行为之间的中介效应受到政治技能的正向调节，正向调节效应显著；

H16d：心理授权在迁就型的冲突管理行为与员工创新行为之间的中介效应受到政治技能的正向调节，正向调节效应显著；

H16e：心理授权在妥协型的冲突管理行为与员工创新行为之间的中介效应受到政治技能的正向调节，正向调节效应显著。

3.5 小结

本章首先阐述了本书的理论基础——认同冲突管理理论和社会交换理论，对两大理论的发展历程进行了简单的回顾，并总结了其基本思想和主要观点；接下来以两大理论为基础，推理冲突管理对创新行为的影响；之后在冲突管理对员工创新行为关系的基础上，探讨员工心理授权的中介作用及员工政治技能在冲突管理与创新行为关系中的调节作用以及心理授权、政治技能对冲突管理与创新行为关系的联合效应，并提出一系列假设，本书的假设汇总如表3-2所示。

表3-2　本书研究假设汇总表

假设	假设内容
H1	合作型的冲突管理行为对员工创新行为具有正向影响
H2	竞争型的冲突管理行为对员工创新行为具有负向影响
H3	回避型的冲突管理行为对员工创新行为具有正向影响
H4	迁就型的冲突管理行为对员工创新行为具有正向影响
H5	妥协型的冲突管理行为对员工创新行为具有正向影响
H6	合作型的冲突管理行为对心理授权具有正向影响
H7	回避型的冲突管理行为对心理授权具有正向影响
H8	迁就型的冲突管理行为对心理授权具有正向影响
H9	妥协型的冲突管理行为对心理授权具有正向影响
H10	竞争型的冲突管理行为对心理授权具有负向影响
H11	员工心理授权对员工创新行为具有正向影响
H12	心理授权在冲突管理行为与员工创新行为之间起中介作用
H12a	心理授权在合作型的冲突管理行为与员工创新行为之间起中介作用
H12b	心理授权在竞争型的冲突管理行为与员工创新行为之间起中介作用
H12c	心理授权在回避型的冲突管理行为与员工创新行为之间起中介作用
H12d	心理授权在迁就型的冲突管理行为与员工创新行为之间起中介作用
H12e	心理授权在妥协型的冲突管理行为与员工创新行为之间起中介作用
H13	政治技能对员工创新行为具有正向影响
H14	政治技能在冲突管理行为与员工创新行为的关系之间起调节作用
H14a	政治技能会正向调节合作型的冲突管理对员工创新行为的影响
H14b	政治技能会正向调节回避型的冲突管理对员工创新行为的影响
H14c	政治技能会正向调节迁就型的冲突管理对员工创新行为的影响
H14d	政治技能会正向调节妥协型的冲突管理对员工创新行为的影响
H14e	政治技能会负向调节竞争型的冲突管理对员工创新行为的影响
H15	政治技能通过心理授权调节冲突管理与员工创新行为之间的关系
H15a	政治技能通过心理授权强化合作型的冲突管理行为与员工创新行为之间的关系
H15b	政治技能通过心理授权强化回避型的冲突管理行为与员工创新行为之间的关系
H15c	政治技能通过心理授权强化迁就型的冲突管理行为与员工创新行为之间的关系
H15d	政治技能通过心理授权强化妥协型的冲突管理行为与员工创新行为之间的关系

续表

假设	假设内容
H15e	政治技能通过心理授权弱化竞争型的冲突管理行为与员工创新行为之间的关系
H16	心理授权在冲突管理行为与员工创新行为之间的中介效应受到政治技能的调节作用,调节效应显著
H16a	心理授权在合作型的冲突管理行为与员工创新行为之间的中介效应受到政治技能的正向调节,正向调节效应显著
H16b	心理授权在回避型的冲突管理行为与员工创新行为之间的中介效应受到政治技能的正向调节,正向调节效应显著
H16c	心理授权在迁就型的冲突管理行为与员工创新行为之间的中介效应受到政治技能的正向调节,正向调节效应显著
H16d	心理授权在妥协型的冲突管理行为与员工创新行为之间的中介效应受到政治技能的正向调节,正向调节效应显著
H16e	心理授权在竞争型的冲突管理行为与员工创新行为之间的中介效应受到政治技能的负向调节,负向调节效应显著

第 4 章　研究设计与小样本预测试

4.1　问卷设计

问卷设计分成三个步骤完成。第一步，通过文献回顾，明确主要变量的内涵，搜集国内外成熟量表。此处确定了冲突管理、心理授权、创新行为、政治技能四个主要变量，通过文献梳理，选择国内外应用较为广泛的量表。第二步，选择完各个构念各个维度的测量题项之后，采用国内外研究学者普遍应用的翻译-回译（back-translation）方法，请有英语专业背景的管理学博士将英文题项翻译成中文，然后再请两位英语专业博士回译成英文，比较两个英文版本中的对应测量题项，检验是否存在明显差异。第三步，根据中国的文化背景和表达方式的差异，进一步对量表的各个具体题项进行修正和调整。

4.2 变量测量

4.2.1 冲突管理

劳资冲突管理行为测验量表的形成主要基于Rahim（1983）提出的个体层面的冲突管理行为量表，共19个题项（见表4-1），其中包括五个维度的冲突管理行为，分别为回避型的冲突管理行为（avoidance conflict management behavior）、迁就型的冲突管理行为（accommodation conflict management behavior）、竞争型的冲突管理行为（competition conflict management behavior）、合作型的冲突管理行为（collaboration conflict management behavior）和妥协型的冲突管理行为（compromise conflict management behavior）。其中回避型的冲突管理行为包括2个题项，迁就型的冲突管理行为包括4个题项，竞争型的冲突管理行为包括5个题项，合作型的冲突管理行为包括6个题项，妥协型的冲突管理行为包括2个题项。量表采用李克特五点衡量法（从1到5评分）。

表4-1 劳资冲突管理行为量表维度、题项

维度题项	题项
回避型的冲突管理行为	
$AVCM_1$	尽量避免与我的分歧，以免伤了和气
$AVCM_2$	尽量避免不愉快的交流
迁就型的冲突管理行为	
$ACCM_1$	会容纳我的意愿
$ACCM_2$	会屈从于我的意愿
$ACCM_3$	会赞同我的建议
$ACCM_4$	会向我让步

续表

维度题项	题项
竞争型的冲突管理行为	
$CPCM_1$	会使用权力赢得竞争的局面
$CPCM_2$	会运用权威做出有利于自身/公司的决策
$CPCM_3$	会施加影响以使自身/公司的观点得到接受
$CPCM_4$	会使用专业知识做出有利于自身/公司的决策
$CPCM_5$	整体上来说,会站在有利于自身/公司的一面
合作型的冲突管理行为	
$CLCM_1$	与我合作,以产生双方都能接受的决策
$CLCM_2$	会尽量将双方关心的问题进行开放性的交流,以便以最佳方式解决
$CLCM_3$	会尽量与我进行准确的信息交换以共同解决问题
$CLCM_4$	会尽量与我一起寻找满足彼此期望的解决方法
$CLCM_5$	会尽量与我一起寻求对问题的正确的认识
$CLCM_6$	会尽量与我一起调查问题,以便找出双方都能接受的解决方案
妥协型的冲突管理行为	
$COCM_1$	会提出折衷的方案以打破僵局
$COCM_2$	会尽量寻找中间路线以打破僵局

注:“AVCM”表示回避型的冲突管理行为,“ACCM”表示迁就型的冲突管理行为,“CPCM”表示竞争型的冲突管理行为,“CLCM”表示合作型的冲突管理行为,“COCM”表示妥协型的冲突管理行为。

4.2.2　心理授权

心理授权测验量表基于Spreitzer(1995)所开发的四个维度量表,包括意义(meaning)、胜任力(competence)、自我决定(self-determination)和影响(impact)四个维度,共12个题项。具体题项如表4-2所示。

表 4-2　心理授权测验量表的维度、题项

维度	题项
意义	
JM_1	我的工作对我来说非常重要
JM_2	我的工作活动对我个人而言非常有意义
JM_3	我的工作对我来说非常有意义
胜任力	
CO_1	我对自己完成工作的能力非常有自信
CO_2	我自信自己有完成各项工作活动的能力
CO_3	我掌握了完成工作所需要的各项技能
自我决定	
SD_1	在决定如何完成工作方面，我有很大的自主权
SD_2	我能自己决定如何完成我的工作
SD_3	在如何完成工作方面，我有很大的独立性和自主权
影响	
JI_1	我对发生在本部门的事情影响很大
JI_2	我对发生在本部门的事情起着很大的控制作用
JI_3	我对发生在本部门的事情有重大的影响

4.2.3　员工创新行为

员工创新行为测验量表基于George和Zhou（2001）开发的6题项量表。该量表以一家大型制造业的员工及其主管为调研对象，由主管报告其下属员工的创新行为。该研究中开始时使用了13个题项的量表，其中3个题项源于Scott和Bruce（1994），其余10个题项由作者自行开发，后经整合变为现在的6个题项，该量表的信度系数达到0.96。该测验量表主要检测员工层面的创新行为，虽然员工创新行为不一定能够带来组织层次的创新，但它却是组织创新的第一步。具体题项如表4-3所示。

表4-3 创新行为量表的维度、题项

维度	题项
CB_1	工作时，我经常寻求新的技术、新的流程或新的产品
CB_2	工作时，我经常会产生一些有创意的点子或想法
CB_3	我会向领导或同事推销我的新想法，以获得支持和认可
CB_4	为了实现我的构想或创意，我会想办法争取所需要的资源
CB_5	我会积极地制定适当的计划或规划来实现我的创新性构想
CB_6	总的来说，我是一个具有创新精神的人

4.2.4 政治技能

政治技能的测验量表基于Ferris等（1999）所开发的6题项测验量表，该量表采用七分李克特衡量法。具体题项如表4-4所示。

表4-4 政治技能量表的维度、题项

维度	题项
PS_1	我很容易站在他人立场上思考问题
PS_2	我能够让周围的大多数人感到舒适和轻松
PS_3	我很容易和大部分人建立良好关系
PS_4	我很容易理解他人
PS_5	我很擅长让别人对我做出积极回应
PS_6	我通常会尽量寻找与他人的共同点

4.3 控制变量

本书研究的控制变量包括性别、年龄、教育程度、任职年限、企业性质、职务、月收入等，其中企业性质为组织特征变量，其余均为个体特征变量。

（1）性别：包括男性和女性，其中将女性作为参照组，设置了男性作为虚拟变量。

（2）年龄：以实际年龄为准。

（3）教育程度：将其分为高中及以下、大专、本科、研究生及以上四组，将其视为连续变量。

（4）工作年限：主要考察员工入职公司的时间。

（5）工作收入：包括员工每个月的总收入，是工资加津贴、加班费、奖金等所有收入的总和。主要分为2000元及以下、2000~2999元、3000~3999元、4000~4999元、5000~5999元、6000~6999元、7000元以上7组。

（6）企业性质：包括国有企业、中外合资、外商独资、私营企业、其他类型企业五种，以民营企业为虚拟变量。

（7）工作职务：包括普通员工、主管、部门经理、公司副总经理、公司总经理五个层级。

4.4 研究小样本与预测试

在正式大规模调研之前，为提高大样本的信度和效度，先进行了小范围的预测试。2013年6月在山东青岛、烟台、威海等地共发放问卷300份，回收问卷242份。按照以下标准对问卷进行筛选：①缺选题项超过5项；②连续10个选择项目相同；③问卷中设置的正反题得分自相矛盾。经过筛选，得到有效问卷223份。

4.4.1 测量题项筛选方法

本书中的各个变量的测验量表均来自于国内外经过验证的成熟量表，因此主要采用总相关系数分析（CITC分析）、信度分析和探索性因子分析，对各测量题项进行筛选和修正，从而提高量表的可靠性和准确性。

1. 总相关系数分析（Correcteditem-total correlation，CITC分析）

CITC分析是净化测量量表题项的方法之一。中外学者对CITC值的标准存在一定的分歧，Cronbach认为当CITC值小于0.5时，一般应该删除此题项。中国学者卢纹岱（2010）认为当CITC小于0.5或小于0.3时，通常需要删除该测量题项。本书以0.5作为净化测量题项的标准。

2.信度分析

信度（Reliability）即可靠性，它是指采用同样的方法对同一对象重复测量时所得结果的一致性程度。信度指标多以相关系数表示，大致可分为三类：稳定系数（跨时间的一致性），等值系数（跨形式的一致性）和内在一致性系数（跨项目的一致性）。信度分析的方法主要有以下四种：重测信度法、复本信度法、折半信度法、α信度系数法。在社会科学领域的实证研究中，目前学术界普遍使用克朗巴哈α系数法来对李克特态度量表进行信度检验。主要通过题项修正前后α系数变化程度来衡量各量表的内部一致性，以检验测量题项是否能够更好地与研究设计的理论构念（Contract）相契合。一般情况下，总量表的信度系数最好在0.8以上，0.7~0.8之间可以接受；分量表的信度系数最好在0.7以上，0.6~0.7还可以接受。克朗巴哈系数（Cronbach' s alpha）如果在0.6以下就要考虑重新编制问卷。

3.探索性因子分析（Exploratory Factor Analysis，EFA）

在CITC分析和信度分析的基础之上进行探索性因子分析，以判断是否对量表的各因子进行降维处理或者删除相应题项，探索性因子分析是检验理论上归属于同一维度的所有题项能否清楚形成一个提取方差比率最大的共同因子，从而可以表达和概念化该维度的内涵。本书中，先采用KMO（Kaiser-Meyer-Olkin）测度值和巴特立特球度检验（Bartlett' s sphericity test）判断样本是否适合进行因子分析。其中KMO值的判断标准为：KMO值大于0.9，非常适合；0.80~0.90，适合；0.70~0.80，一般；0.60~0.70，勉强适合；0.50~0.60，不适合；小于0.50，不能接受，巴特立特球度检验一般只要达到显著水平即可。然后采用主成分分析法和方差最大法旋转求解共同因子，方差最大旋转法的目的在于使转轴后的每一个公共因子的载荷向正负1或者0靠近，有利于解释公共因子的实际含义（马庆国，2002）。本书将借鉴国外成熟量表，先设定因子数，以因子载荷值小于

0.50为题项取舍尺度（马庆国，2002），提取因子的累积方差解释率不低于50%，同时不允许跨因子负载超过0.40（Gorsuch，1983），否则删除该题项。

4.4.2 小研究样本预测试

1.冲突管理问卷预测试

冲突管理行为量表共19个题项，由五个维度构成，包括：合作型的冲突管理行为（CLCM）、竞争型的冲突管理行为（CPCM）、回避型的冲突管理行为（AVCM）、迁就型的冲突管理行为（ACCM）和妥协型的冲突管理行为（COCM）。

（1）CITC分析和信度分析。

①合作型的冲突管理行为。"合作型的冲突管理行为"维度各题项的检验结果表明，CITC值均大于0.7，表明量表中的单个题项均与其他题项高度相关。项目删除时的克朗巴哈α系数（Cronbach' s Alpha if Item Deleted）的数值均小于子量表的克朗巴哈系数（0.928），如表4-5所示，因此该量表具有高的信度。

表4-5 "合作型的冲突管理行为"预试题项CITC和信度分析表

预试题项	总相关系数	剔除后的克朗巴哈α系数	克朗巴哈α系数
合作型的冲突管理行为			0.928
$CLCM_1$	0.745	0.921	
$CLCM_2$	0.794	0.915	
$CLCM_3$	0.803	0.914	
$CLCM_4$	0.831	0.910	
$CLCM_5$	0.809	0.913	
$CLCM_6$	0.768	0.919	

②竞争型的冲突管理行为。"竞争型的冲突管理行为"维度各题项的CITC值均大于0.5，克朗巴哈α系数为0.890，如表4-6所示，故题项全部保留。

表4-6　“竞争型的冲突管理行为”预试题项CITC和信度分析表

预试题项	总相关系数	剔除后的克朗巴哈α系数	克朗巴哈α系数
竞争型的冲突管理			0.890
$CPCM_1$	0.802	0.851	
$CPCM_2$	0.814	0.847	
$CPCM_3$	0.850	0.838	
$CPCM_4$	0.646	0.887	
$CPCM_5$	0.581	0.897	

③回避型的冲突管理行为。“回避型的冲突管理行为”维度各题项的CITC值均大于0.8，克朗巴哈α系数为0.900，如表4-7所示，故题项全部保留。

表4-7　“回避型的冲突管理行为”预试题项CITC和信度分析表

预试题项	总相关系数	剔除后的克朗巴哈α系数	克朗巴哈α系数
回避型冲突管理行为			0.900
$AVCM_1$	0.822	0.871	
$AVCM_2$	0.822	0.871	

④迁就型的冲突管理行为。虽然“迁就型冲突管理行为”维度各题项的CITC值均大于0.3，但克朗巴哈α系数小于0.521（见表4-8），因此需要修订该量表。将题项ACCM2，“会屈从于我的意愿”删除后，克朗巴哈α系数由原来的0.521增加到0.839（见表4-9），因此符合删除标准。

表4-8　“迁就型的冲突管理行为”预试题项CITC和信度分析表

预试题项	总相关系数	剔除后的克朗巴哈α系数	克朗巴哈α系数
迁就型冲突管理行为			0.521
$ACCM_1$	0.428	0.460	
$ACCM_2$	0.337	0.839	

续表

预试题项	总相关系数	剔除后的克朗巴哈α系数	克朗巴哈α系数
$ACCM_3$	0.560	0.387	
$ACCM_4$	0.558	0.362	

表4-9　修订后的"迁就型的冲突管理行为"预试题项CITC和信度分析表

预试题项	总相关系数	剔除后的克朗巴哈α系数	克朗巴哈α系数
迁就型的冲突管理行为			0.839
$ACCM_1$	0.607	0.864	
$ACCM_3$	0.803	0.675	
$ACCM_4$	0.728	0.762	

⑤妥协型的冲突管理。"妥协型的冲突管理"维度各题项的CITC值均大于0.8，克朗巴哈α系数为0.905，如表4-10所示，故题项全部保留。

表4-10　"妥协型的冲突管理行为"预试题项CITC和信度分析表

预试题项	总相关系数	剔除后的克朗巴哈α系数	克朗巴哈α系数
妥协型的冲突管理行为			0.905
$COCM_1$	0.828	0.877	
$COCM_2$	0.828	0.877	

（2）探索性因子分析（EFA）。通过对冲突管理预试题项进行探索性因子分析，分析结果表明，该测量量表的取样适当性度量（KMO）值为0.902，一般认为KMO值越接近1越好，其中达到0.9以上为极好。Bartlett球度检验卡方值为3.667E3，显著性水平为0.000，表明适合做因子分析。冲突管理的19个题项，最后清晰形成5个公共因子，为避免因子信息重合，对因子进行旋转。经旋转后，发现CPCM5（0.425），ACCM1（0.129），ACCM3（0.165），ACCM4（0.217）的

因子载荷值小于0.5，故予以删除，其他因子载荷值都超过0.50，累积方差解释率为80.469%，超过50%，符合研究要求（见表4-11）。

表4-11 “冲突管理”预试题项探索性因子分析

预试题项	因子1	因子2	因子3	因子4	因子5
$CLCM_1$	0.629				
$CLCM_2$	0.784				
$CLCM_3$	0.802				
$CLCM_4$	0.778				
$CLCM_5$	0.769				
$CLCM_6$	0.653				
$CPCM_1$		0.909			
$CPCM_2$		0.903			
$CPCM_3$		0.914			
$CPCM_4$		0.507			
$CPCM_5$		0.425			
$COCM_1$			0.800		
$COCM_2$			0.813		
$ACCM_1$				0.129	
$ACCM_2$				0.964	
$ACCM_3$				0.165	
$ACCM_4$				0.217	
$AVCM_1$					0.855
$AVCM_2$					0.787
特征值	9.310	2.819	1.303	1.047	0.810
累积解释方差率(%)	49.002	63.841	70.698	76.209	80.469

2. 心理授权问卷预测试

（1）CITC和信度分析。“心理授权”包括工作意义、胜任力、自我决定、影响力4个维度，共12个题项，4个维度各包括3个题项。

①“工作意义”维度各题项的CITC值均大于0.8，克朗巴哈α系数为0.937，符合大于0.7的标准，如表4-12所示，故题项全部保留。

表4-12 “工作意义”维度预试题项CITC和信度分析表

预试题项	总相关系数	剔除后的克朗巴哈α系数	克朗巴哈α系数
工作意义			0.937
JM_1	0.858	0.919	
JM_2	0.872	0.908	
JM_3	0.881	0.900	

②“胜任力”维度各题项的CITC值均大于0.700，克朗巴哈α系数为0.906，符合大于0.700的标准，如表4-13所示，故题项全部保留。

表4-13 “胜任力”维度预试题项CITC和信度分析

预试题项	总相关系数	剔除后的克朗巴哈α系数	克朗巴哈α系数
胜任力			0.906
CO_1	0.788	0.887	
CO_2	0.843	0.840	
CO_3	0.809	0.869	

③“自我决定”维度各题项的CITC值均大于0.800，克朗巴哈α系数为0.906，符合大于0.700的标准，如表4-14所示，故题项全部保留。

表4-14 “自我决定”维度预试题项CITC和信度分析

预试题项	总相关系数	剔除后的克朗巴哈α系数	克朗巴哈α系数
自我决定			0.907
SD_1	0.819	0.865	

续表

预试题项	总相关系数	剔除后的克朗巴哈α系数	克朗巴哈α系数
SD_3	0.819	0.863	
SD_4	0.808	0.872	

④“影响力”维度各题项的CITC值均大于0.800，克朗巴哈α系数为0.923，符合大于0.700的标准，如表4-15所示，故题项全部保留。

表4-15　“影响力”维度预试题项CITC和信度分析

预试题项	总相关系数	剔除后的克朗巴哈α系数	克朗巴哈α系数
影响力			0.923
JI_1	0.813	0.912	
JI_3	0.842	0.890	
JI_4	0.874	0.863	

（2）探索性因子分析。通过对“心理授权”预试题项进行探索性因子分析，分析结果表明，该测量量表的取样适当性度量（KMO）值为0.926，一般认为KMO值越接近1越好，其中达到0.9以上为极好。Bartlett球度检验卡方值为2.772E3，显著性水平为0.000，表明适合做因子分析。“心理授权”的12个题项，最后清晰形成4个公共因子，为避免因子信息重合，对因子进行旋转。经旋转后发现，CO1的因子载荷值小于0.5（0.246），因此予以删除，其他因子载荷值都超过0.50，累积方差解释率为87.003%，超过50%，符合研究要求。（见表4-16）

表4-16　“心理授权”预试题项探索性因子分析表

预试题项	因子1	因子2	因子3	因子4
JM_1	0.829			
JM_2	0.890			
JM_3	0.897			

续表

预试题项	因子1	因子2	因子3	因子4
CO_1		0.246		
CO_2		0.555		
CO_3		0.517		
SD_1			0.740	
SD_2			0.653	
SD_3			0.773	
JI_1				0.713
JI_2				0.833
JI_3				0.891
特征值	7.988	1.566	0.542	0.344
累积解释方差率(%)	66.570	79.622	84.138	87.003

3.员工创新行为预测试

（1）CITC和信度分析。员工创新行为各题项的CITC值均大于0.7，克朗巴哈α系数为0.927，符合大于0.7的标准（见表4-17），故题项全部保留。

表4-17 “员工创新行为”预试题项CITC和信度分析表

预试题项	总相关系数	剔除后的克朗巴哈系数	克朗巴哈系数
员工创新行为			0.927
CB_1	0.776	0.917	
CB_2	0.827	0.909	
CB_3	0.822	0.910	
CB_4	0.790	0.914	
CB_5	0.773	0.916	
CB_6	0.758	0.918	

（2）探索性因子分析。通过对“员工创新行为”预试题项进行探索性因子分

析，分析结果表明，该测量量表的取样适当性度量（KMO）值为0.880，一般认为KMO值越接近1越好，其中达到0.9以上为极适合做因子分析，0.8～0.9为适合。Bartlett球度检验卡方值为1.020E3，显著性水平为0.000，表明适合做因子分析。“员工创新行为”的6个题项，最后清晰形成1个公共因子，且因子载荷值超过0.5，累积方差解释率为73.598%，超过50%，符合研究要求（见表4-18）。

表4-18　“员工创新行为”预试题项探索性因子分析表

预试题项	因子1
CB_1	0.845
CB_2	0.881
CB_3	0.880
CB_4	0.859
CB_5	0.845
CB_6	0.836
特征值	4.416
累积解释方差率(%)	73.598

4.政治技能预测试

（1）CITC和信度分析。“政治技能”各题项的CITC值均大于0.6，CITC值在0.6～0.7之间表明可以接受。克朗巴哈α系数为0.877，符合大于0.7的标准（见表4-19），故题项全部保留。

表4-19　“员工政治技能”预试题项CITC和信度分析表

预试题项	总相关系数	剔除后的克朗巴哈α系数	克朗巴哈α系数
政治技能			0.877
PS_1	0.686	0.855	
PS_2	0.752	0.844	
PS_3	0.738	0.847	

续表

预试题项	总相关系数	剔除后的克朗巴哈α系数	克朗巴哈α系数
PS_4	0.680	0.857	
PS_5	0.600	0.869	
PS_6	0.642	0.863	

（2）探索性因子分析。通过对“政治技能”预试题项进行探索性因子分析，分析结果表明，该测量量表的取样适当性度量（KMO）值为0.822，一般认为KMO值越接近1越好，其中达到0.9以上为极适合做因子分析，0.8~0.9为适合。Bartlett球度检验卡方值为669.913，显著性水平为0.000，表明适合做因子分析。“政治技能”的6个题项，最后清晰形成1个公共因子，且因子载荷值超过0.5，累积方差解释率为62.146%，超过50%，符合研究要求，如表4-20所示。

表4-20 “政治技能”预试题项探索性因子分析表

预试题项	因子1
CB_1	0.791
CB_2	0.846
CB_3	0.834
CB_4	0.789
CB_5	0.712
CB_6	0.750
特征值	3.729
累积解释方差率(%)	62.146

4.5 小结

通过对小样本的预测试，进行CITC分析、信度分析及探索性因子分析，将冲突管理行为、心理授权、员工创新行为、政治技能4个变量共个43题项，进行净化和筛选，共删除6个测量题项，剩余37个题项。在设计最终问卷时，由于冲突管理量表涉及雇员（员工）与雇主（管理层）的冲突关系感知，为减少受访者的心理压力，将其放于变量题项的最后，即控制变量之前，本书同时设置7个相关个体和组织的特征变量。经过修正后，对量表重新进行编码，共分为4个分量表，10个维度，37个题项，详见附录A、附录B。

第5章　大样本调研

本书主要通过问卷调查的方式获取数据，2014年6月至10月，对河南、山东、江苏、浙江、上海等省市和地区的60多家企业进行了市场调研。问卷调查采取以下方式进行：其一，联系相关部门（如各地房地产协会、旅游协会等），在相关部门的协助下到相关企业进行问卷发放，并现场指导问卷的填写，对问卷进行现场回收；其二，联系作者人脉资源，在同事、同学、朋友的帮助下发放问卷，将与问卷相关的注意事项一并放入调研信封，以邮寄或电子邮件的方式予以回收。为保证调研数据的真实性与可靠性，本书在调研中采取配对样本的方式收集数据。问卷包括两部分，其中一部分由企业的人力资源部门经理对员工行为进行填写，如员工创新行为、政治技能，另一部分由企业员工根据自身情况进行填写，如劳资冲突管理行为、心理授权变量部分，每个企业调查的员工在10～20名之间。问卷题项均采用李克特七点计分量表，其中“1”代表“极不符合”，“7”代表“极符合”。通过3个月的市场调研，共发放问卷1000份。问卷回收后对其进行了筛选，剔除标准如下：①问卷漏填项超过5项；②填写不认真的问卷，如所有的测量题项打分重复；③前后矛盾的问卷。为保证问卷填写的有效性，在问卷中设置了反向题项。通过对问卷进行筛选，最终得到有效问卷860份，有效回收率为86%。

5.1　样本的描述性统计

问卷的最后一部分涉及受访者的基本情况，主要包括性别、年龄、受教育程度、工作年限、企业性质、工作职务、月收入等，详见表5-1。从表5-1中可以发现以下特征：①从性别来看，男性与女性的比例较为均衡。其中男性占38.9%，女性占61.1%；②从年龄上看，以中青年为主，其中21～30岁的占45.6%，31～40岁的占39.1%，41～50岁的占13.5%，50～60岁的占1.6%，其他占0.2%；（3）从受教育程度上看，以拥有大学专科及本科学历者居多，其中高中及以下占27%，专科及本科占69.5%，研究生及其以上学历占3.5%；（4）从任职年限看，整体上受访者任职年限较短，任职年限为1～2年的占84.7%，任职年限在3～5年的占13.5%，任职年限在5～10年的占1.6%，10年以上的占0.2%；（5）从调查对象的职务上看，普通员工占70.3%，部门主管占17.1%，部门经理占8.3%，公司副总及以上职务占0.5%；（6）从企业性质看，以国有企业和私营企业为主，其中国有企业占50.1%，私营企业占38%，其他占11.9%；（7）从月收入来看，月收入为2000元以下的占23.4%，2000～2999元的占34.6%，3000～3999元的占17.8%，4000～4999元的占10%，5000元以上的占13.2%。就整个调研样本而言，性别、年龄、受教育程度、工作年限、月收入、工作职务等各个等级的分布较为均衡，同时涉及不同的企业类型和员工，样本具有较强的代表性。

表5-1　受访者人口统计描述

人口统计变量	类别	频数	占比/%	有效占比/%
性别	男性	167	38.8	38.9
	女性	262	60.9	61.1
年龄	21～30岁	196	45.6	45.6
	31～40岁	168	39.1	39.1
	41～50岁	58	13.5	13.5
	51～60岁	7	1.6	1.6
	其他	1	0.2	0.2

续表

人口统计变量	类别	频数	占比/%	有效占比/%
受教育程度	高中及以下	116	27.0	27.0
	专科及本科	298	69.3	69.5
	研究生及以上	15	3.5	3.5
工作年限	1～2年	232	53.9	56.9
	3～5年	102	22.8	24.0
	5～10年	98	7.7	8.1
	10年以上	33	10.5	11.0
工作职务	普通员工	296	68.8	70.3
	部门主管	72	16.7	17.1
	部门经理	35	8.1	8.3
	公司副总及以上	18	0.2	4.3
企业性质	国有企业	215	50.0	50.1
	私营企业	16	3.7	3.7
	其他	198	46	46.2
月收入	2000元以下	100	23.3	23.4
	2000～2999元	148	34.4	34.6
	3000～3999元	76	17.7	17.8
	4000～4999元	43	10.0	10.0
	5000元以上	61	13.2	13.2

5.2 测量的信度分析

1. 冲突管理量表信度分析

如表5-2所示，信度检验的结果显示，合作型的冲突管理行为量表α值为0.916，6个条目的CITC值都大于0.5，删掉任何一个条目都会导致量表的信度系数降低。竞争型的冲突管理行为量表α值为0.836，条目CPCM4的CITC值略低于0.5，但由于删掉这个条目会导致信度系数下降，所以这个条目仍予以保留。回避型的冲突管理行为和妥协型的冲突管理行为量表α值分别为0.801和0.834，4个条目的CITC值都大于0.5，删掉任何一个条目都会导致量表的信度系数降低。

表5-2 冲突管理量表信度分析

潜变量	观察变量	CITC值	剔除后的克朗巴哈α系数	克朗巴哈α系数
合作型的冲突管理行为	$CLCM_1$	0.650	0.916	0.916
	$CLCM_2$	0.762	0.902	
	$CLCM_3$	0.802	0.896	
	$CLCM_4$	0.814	0.894	
	$CLCM_5$	0.787	0.898	
	$CLCM_6$	0.768	0.901	
竞争型的冲突管理行为	$CPCM_1$	0.633	0.810	0.836
	$CPCM_2$	0.764	0.748	
	$CPCM_3$	0.793	0.731	
	$CPCM_4$	0.497	0.858	
回避型的冲突管理行为	$AVCM_1$	0.668		0.801
	$AVCM_2$	0.668		
妥协型的冲突管理行为	$COCM_1$		0.715	0.834
	$COCM_2$		0.715	

2. 心理授权量表信度分析

如表5-3所示，信度检验的结果显示，心理授权的“工作意义”量表α值为0.882，3个条目的CITC值都大于0.5，删掉任何一个条目都会导致量表的信度系数降低。“胜任力”量表α值为0.782，3个条目的CITC值都大于0.5。“自我决定”量表的α值为0.839，3个条目的CITC值都大于0.5。“影响力”维度量表的α值为0.918，3个条目的CITC值都大于0.5，即删掉任何一个条目都会导致量表的信度系数降低，因此全部予以保留。

表5-3　心理授权量表信度分析

潜变量	观察变量	CITC值	剔除后的克朗巴哈α系数	克朗巴哈α系数
工作意义	JM_1	0.711	0.885	0.882
	JM_2	0.811	0.796	
	JM_3	0.793	0.813	
胜任力	CO_1	0.642	0.646	0.782
	CO_2	0.642	0.646	
自我决定	SD_1	0.738	0.742	0.839
	SD_2	0.655	0.823	
	SD_3	0.717	0.764	
影响力	JI_1	0.806	0.907	0.918
	JI_2	0.853	0.867	
	JI_3	0.852	0.870	

3.创新行为量表信度分析

如表5-4所示，信度检验的结果显示，员工创新行为的α值为0.827，除了CB6的CITC值小于0.5，其余5个条目的CITC值均大于0.5，删掉CB6，量表的信度系数（α值）提高到0.889，因此删除该条目。

表5-4　员工创新行为信度分析

维度	CITC值	剔除后的克朗巴哈α系数	克朗巴哈α系数
员工创新行为			0.827
CB_1	0.733	0.770	
CB_2	0.742	0.774	
CB_3	0.672	0.787	
CB_4	0.654	0.794	
CB_5	0.684	0.788	
CB_6	0.378	0.889	

4.政治技能量表信度分析

如表5-5所示，信度检验的结果显示，政治技能的α值为0.853，6个条目的CITC值均大于0.5，删掉任何一个条目都会导致分量表的信度系数降低。检验结果说明政治技能量表具有良好的测量信度。

表5-5　员工政治技能信度分析

维度	总相关系数	剔除后的克朗巴哈α系数	克朗巴哈α系数
政治技能			0.853
PS_1	0.647	0.828	
PS_2	0.633	0.830	
PS_3	0.749	0.810	
PS_4	0.721	0.814	
PS_5	0.549	0.848	
PS_6	0.558	0.844	

5.3　测量的效度分析

本书通过对数据进行探索性因子分析与验证性因子分析，来检验冲突管理、心理授权、创新行为、政治技能问卷的结构效度。

首先，通过探索性因子分析发现，模型中所有因子载荷值均高于0.4，这表明同一因子下的测量题项均能有效地反映出同一测量维度，如表5-6所示。

表5-6　各测量题项的因子载荷

因子	测量题项	标准化载荷值
合作型的冲突管理行为	$CLCM_1$	0.656
	$CLCM_2$	0.837
	$CLCM_3$	0.850
	$CLCM_4$	0.799

续表

因子	测量题项	标准化载荷值
合作型的冲突管理行为	$CLCM_5$	0.783
	$CLCM_6$	0.711
竞争型的冲突管理行为	$CPCM_1$	0.775
	$CPCM_2$	0.886
	$CPCM_3$	0.874
	$CPCM_4$	0.557
回避型的冲突管理行为	$AVCM_1$	0.848
	$AVCM_2$	0.805
妥协型的冲突管理行为	$COCM_1$	0.737
	$COCM_2$	0.828
工作意义	JM_1	0.841
	JM_2	0.845
	JM_3	0.860
胜任力	CO_1	0.689
	CO_2	0.821
自我决定	SD_1	0.746
	SD_2	0.478
	SD_3	0.791
影响力	JI_1	0.818
	JI_2	0.904
	JI_3	0.908
创新行为	CB_1	0.848
	CB_2	0.865
	CB_3	0.845
	CB_4	0.796
	CB_5	0.813
政治技能	PS_1	0.771
	PS_2	0.767
	PS_3	0.849

续表

因子	测量题项	标准化载荷值
政治技能	PS_4	0.826
	PS_5	0.678
	PS_6	0.678

其次，通过对由上述7个变量组成的7因子、6因子、5因子、4因子、3因子、2因子模型及单因子模型的拟合指数进行比较，结果发现，7因子模型与其他模型的拟合指数相比，达到了最为理想的拟合。其中7因子模型中，RMSEA=0.078，NNFI=0.89，CFI=TLI=0.90，根据陈晓萍和徐淑英（2008）对契合指数的研究，当RMSEA等于或小于0.05时，代表假设模型拟合程度好；RMSEA为0.05～0.08时，代表拟合程度可以接受；RMSEA为0.08～0.10时，代表拟合程度一般；当RMSEA为超过0.10时则代表了模型与数据拟合度的较差。CFI和TLI的一般规律是：取值大于0.9，若大于0.95，则代表假设理论模型与数据的拟合度非常好。因此综合判断，认为7因子假设模型与样本数据拟合度较好。

因此，本书所使用的4个变量冲突管理（合作型的冲突管理行为、竞争型的冲突管理行为、回避型的冲突管理行为、妥协型的冲突管理行为）、心理授权、创新行为、政治技能分别代表了4个不同的构念，如表5-7所示。

表5-7　验证性因子分析：区分效度

模型	因子	χ^2	df	χ^2/ df	CFI	NNLI	IFI	RMSEA
模型1	7因子：CLCM，CPCM，AVCM，COCM，PE，CB，PS	8927.58	574	15.553	0.90	0.89	0.90	0.078
模型2	6因子：CLCM+COCM，CPCM，AVCM，PE，PS，CB	8493.80	579	14.670	0.90	0.89	0.90	0.078

续表

模型	因子	χ^2	df	χ^2/ df	CFI	NNLI	IFI	RMSEA
模型3	6因子：CLCM，CPCM，AVCM+COCM，PE，PS，CB	8466.71	579	14.623	0.90	0.89	0.90	0.078
模型4	5因子：CPCM，CLCM+AVCM+COCM，PE，PS，CB	8955.78	584	15.335	0.89	0.88	0.89	0.088
模型5	5因子：CLCM，CPCM，AVCM，COCM，PE+PS+CB	11505.31	584	19.701	0.86	0.85	0.86	0.088
模型6	4因子：CPCM，CLCM+AVCM+COCM，PE+PS，CB	10351.71	588	17.605	0.87	0.87	0.87	0.098
模型7	4因子：CPCM，CLCM+AVCM+COCM，PE，PS+CB	10881.65	588	18.506	0.87	0.86	0.87	0.116
模型8	3因子：CPCM，CLCM+AVCM+COCM，PE+PS+CB	12449.10	591	21.064	0.85	0.84	0.85	0.126
模型9	3因子：CLCM+CPCM+AVCM+COCM，PE，PS+CB	11636.97	591	19.690	0.86	0.85	0.86	0.126
模型10	3因子：CLCM+CPCM+AVCM+COCM，PE+PS，CB	11636.97	591	19.690	0.86	0.85	0.86	0.126
模型11	2因子：CLCM+CPCM+AVCM+COCM，PE+PS+CB	13725.82	593	23.146	0.83	0.82	0.83	0.145

续表

模型	因子	χ^2	df	χ^2/ df	CFI	NNLI	IFI	RMSEA
模型12	2因子：CLCM+CPCM+AVCM+COCM+PE+PS, CB	13612.68	593	22.956	0.83	0.82	0.83	0.145
模型13	1因子：CLCM+CPCM+AVCM+COCM+PE+PS+CB	15628.71	594	26.311	0.81	0.79	0.81	0.155

注："CPCM"表示"竞争型的冲突管理行为"，"CLCM"表示"合作型的冲突管理行为"，"AVCM"表示"回避型的冲突管理行为"，"COCM"表示"妥协型的冲突管理行为"，"PE"表示"心理授权"，"PS"表示"政治技能"，"CB"表示"创新行为"，"+"表示几个因子合并为一个因子。

通过以上分析发现，从管理层和员工层面收集来的问卷数据具有较高的效度，能够继续进行后续的研究。

5.4　小结

本章通过多省份多地区大规模调研收集到样本数据，首先对样本进行了描述性统计分析；其次对各变量依次进行了CITC分析、信度分析及探索性因子分析，对冲突管理行为、心理授权、员工创新行为、政治技能4个变量共37个题项进行了二次净化和筛选，由于各题项均符合净化和筛选标准，最终保留全部题项；最后对数据的验证性因子分析表明，本书收集的数据较有较高的效度，可以通过该批数据进行下一步的实证研究。

第6章　人口统计学变量与心理授权、员工创新行为的关系

在探讨劳资关系情境下冲突管理对员工创新行为的作用机制过程中，除了对两个主要变量即心理授权和员工创新行为进行深入探讨，还需要对其他变量进行控制。因此本章主要探讨人口统计学变量对心理授权和员工创新行为的影响。相关文献研究表明，人口学变量（demographic variables）主要包括性别、年龄、受教育程度、工作职务、任职年限、工作收入等。本书对人口学变量与心理授权、创新行为的关系进行深入探讨，不仅有利于丰富授权和创新理论的进一步拓展，对企业经营管理也具有一定的实践指导意义。

本章主要探讨性别、年龄、受教育程度、工作年限、公司性质、工作岗位、工作收入等对员工心理授权及创新行为的影响。研究方法上主要采用独立样本T检验和单因素方差分析（One-way ANOVA）来检验控制变量对员工心理资本和创新行为的影响。其中控制变量性别、年龄、受教育程度、工作年限、工作岗位、工作收入等属于个体层面的变量，企业性质等属于企业层面的变量。

6.1　性别差异对心理授权、创新行为的影响

本书将员工性别分为男、女两组，采用独立样本T检验来分析性别差异是否对员工心理授权及创新行为具有显著性影响。检验结果如表6-1所示，在置信度为95%的情况下，从T检验得出p值为0.000<0.01（心理授权），由此可以判断，性别差异对心理授权产生显著影响，女性心理授权程度明显高于男性。这可能由

于女性与男性相比情感更加细腻，在工作场所更能体会他人的感受。在置信度为95%的情况下，从T检验得出p值为0.058>0.05（创新行为），男性与女性在创新行为方面的差异性并不显著。

表6-1　性别差异的独立样本T检验

变量	性别	均值	方差齐次检验		T检验		是否存在显著性差异
			F值	显著性	T值	均值	
心理授权	男	4.8938	4.952	0.026	-4.76	-0.323	是
	女	5.2164					
创新行为	男	5.3425	11.743	0.001	1.831	0.146	否
	女	5.1962					

注：显著性水平为0.05，以下同。

6.2　年龄的单因素方差分析

表6-2的单因素方差分析表明，在置信度为95%的情况下，年龄对员工心理授权的影响是显著的（p = 0.006 < 0.01），即不同年龄段的员工的心理授权程度显著不同。年龄对员工创新行为的影响不显著（p = 0.051 > 0.05）。

表6-2　年龄的单因素方差分析

变量		离差平方和	df	方差	F	Sig.	是否存在显著差异
心理授权	组间值	13.281	4	3.320	3.681	0.006	是
	组内值	771.198	855	0.902			
	总值	784.479	859	—			
创新行为	组间值	11.453	4	2.863	2.372	0.051	否
	组内值	1032.049	855	1.207			
	总值	1043.502	859	—			

6.3 受教育程度的单因素方差分析

如表6-3所示，采用单因素方差分析检验受教育程度对心理授权和创新行为是否存在显著影响。检验结果表明，在置信度为95%的情况下，受教育程度对员工心理授权和创新行为均具有显著影响。其中受教育程度对员工心理授权和创新行为的影响p值均为0.000<0.001。

表6-3 受教育程度的单因素方差分析

变量		离差平方和	df	方差	F	Sig.	是否存在显著差异
心理授权	组间值	30.831	3	10.277.902	11.673	0.000	是
	组内值	753.649	856	0.880			
	总值	784.479	859	—			
创新行为	组间值	35.160	4	11.720	9.949	0.000	是
	组内值	1008.342	856	1.178			
	总值	1043.502	859	—			

进一步地，对受教育程度对员工心理授权和创新行为的影响进行两两多重比较，如表6-4（表中仅列出具有显著性统计差异的数值）和图6-1、图6-2所示。两两多重分析比较结果显示，受教育程度为本科层次的员工整体心理授权及创新行为最低，与其余各学历层次形成显著差异。高中及以下学历在本书中的数据显示具有最高的创新行为。纵观我国的教育政策，本科生教育以正规教育和学历教育为基本，是一种大教育观及与之相适应的国民教育人才培养体系，仅仅通过基础教育体系不可能造就各类人才兴旺的格局。当前社会评价人才的标准几乎集中地体现在对学历与学位的追捧上，客观上将相当一部分具有创新行为的人才排斥在外，这种单纯以学历（学位）为本位的人才评价体系不利于自主创新人才的成长。

表6-4 受教育程度两两多重比较

变量	受教育程度（I）	受教育程度（J）	均值差异（I-J）	标准误差	Sig.
心理授权	高中及以下	专科	−0.19916*	0.07960	0.013
		本科	0.25072*	0.08502	0.003
	大专	本科	0.44988***	0.07772	0.000
		研究生及以上	0.40755*	0.40755*	0.023
创新行为	高中及以下	本科	0.50392***	0.09834	0.000
	大专	本科	0.38328***	0.08990	0.000

注：*代表显著性水平为0.05，**代表显著性水平为0.01，***代表显著性水平为0.001，以下同。

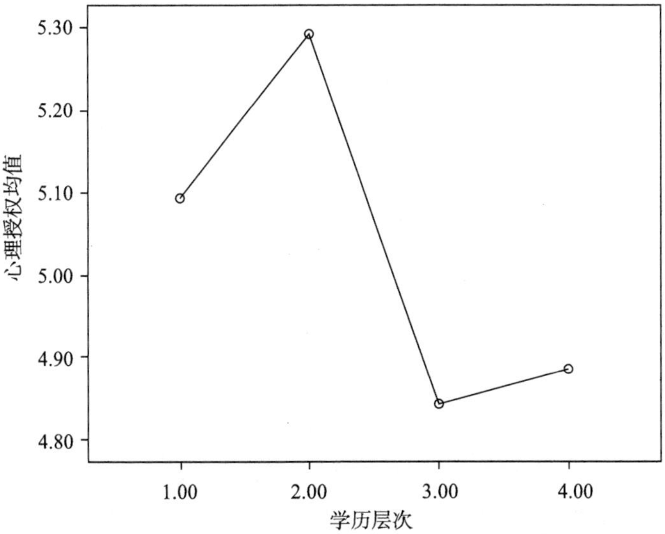

图6-1 不同学历层次的心理授权（PE）均值折线图

注："1.00"代表"高中及以下"，"2.00"代表"大专"，"3.00"代表"本科"，"4.00"代表"研究生及以上"，图6-2同此。

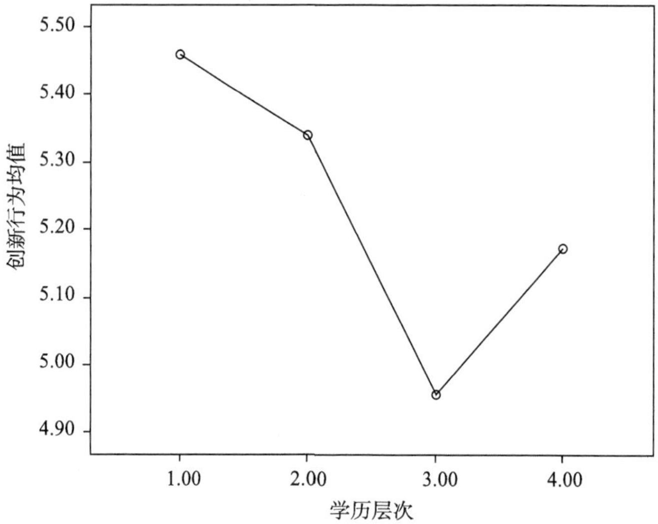

图6-2 不同学历层次的创新行为（CB）均值折线图

6.4 工作年限单因素方差分析

如表6-5所示，采用单因素方差分析检验工作年限对心理授权和创新行为是否存在显著影响。检验结果表明，在置信度为95%的情况下，工作年限对员工心理授权和创新行为均具有显著影响。其中工作年限对员工心理授权和创新行为的影响p值均为0.000<0.001。

表6-5 工作年限的单因素方差分析

变量		离差平方和	df	方差	F	Sig.	是否存在显著差异
心理授权	组间值	44.937	4	11.234	12.988	0.000	是
	组内值	739.543	855	0.865			
	总值	784.479	859	—			
创新行为	组间值	77.414	4	19.353	17.128	0.000	是
	组内值	966.088	855	1.130			
	总值	1043.502	859	—			

进一步地，对工作年限对员工心理授权和创新行为的影响进行两两多重比较，如表6-6（表中仅列出具有显著性统计差异的数值）和图6-3、图6-4所示。工作年限的两两多重分析比较结果显示，员工心理授权集中于工作年限为1～5年的时间段，这时员工在工作岗位中逐渐熟悉企业状况，对工作的胜任力越来越强，对企业的影响力也逐渐增强。而员工创新行为则集中于刚工作时到工作1～2年的时间，随着工作年限的增长，员工创新行为逐渐下降。因此，企业对刚进入企业的员工及工作年限少于5年的员工应该采取一系列创新激励措施，以激励员工的后续创新行为。

表6-6　工作年限两两多重比较

变量	工作年限（I）	工作年限（J）	均值差异（I-J）	标准误差	Sig.
心理授权	1年以下	1～2年	0.31605***	0.08684	0.000
		5～10年	0.32141**	0.10635	0.003
		10年以上	0.32073**	0.11363	0.005
	1～2年	5～10年	0.63745***	0.11067	0.000
		10年以上	0.63678***	0.11769	0.000
	2～5年	5～10年	0.48828***	0.11145	0.000
		10年以上	0.48761***	0.11842	0.000
创新行为	1年以下	1～2年	0.29698**	0.09926	0.003
		2～5年	0.51422***	0.10039	0.000
		5～10年	0.81702***	0.12155	0.000
		10年以上	0.77554***	0.12987	0.000
	1～2年	2～5年	0.021725*	0.10632	0.041
		5～10年	0.52004***	0.12650	0.000
		10年以上	0.47856***	0.13451	0.000
	2～5年	5～10年	0.30280*	0.12739	0.018

注：*代表显著性水平为0.05，**代表显著性水平为0.01，***代表显著性水平为0.001。

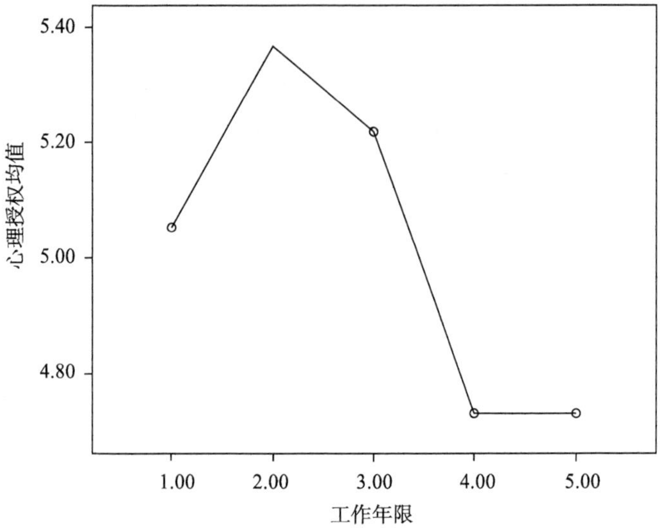

图6-3　不同工作年限的心理授权（PE）均值折线图

注："1.00"代表"工作年限在1年以下"，"2.00"代表工作年限为"1～2年"，"3.00"代表工作年限为"2～5年"，"4.00"代表工作年限为"5～10年"，"5.00"代表工作年限为"10年及以上"，图6-4同此。

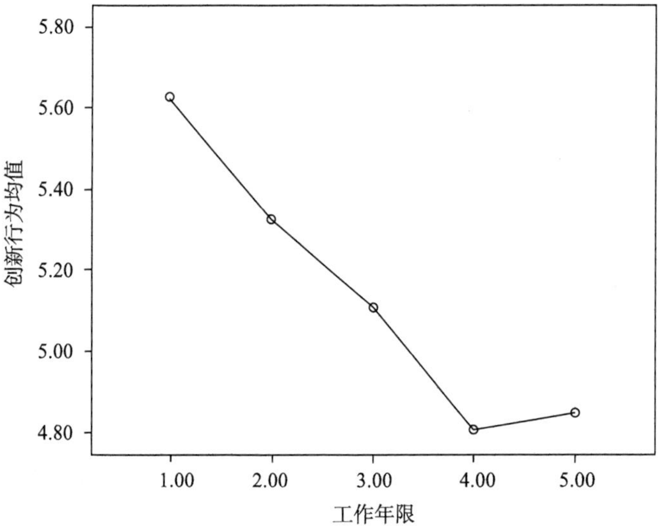

图6-4　不同工作年限的创新行为（CB）均值折线图

6.5 企业性质的单因素方差分析

由表6-7可知，企业性质对员工的心理授权及创新行为均具有显著影响（$p = 0.000 < 0.01$）。

表6-7 企业性质的单因素方差分析

变量		离差平方和	df	方差	F	Sig.	是否存在显著差异
心理授权	组间值	52.448	4	13.112	15.314	0.000	是
	组内值	732.032	855	0.865			
	总值	784.479	859	—			
创新行为	组间值	100.693	4	25.173	22.829	0.000	是
	组内值	942.810	855	1.130			
	总值	1043.502	859	—			

进一步地，对企业性质对员工心理授权和创新行为的影响进行两两多重比较，如表6-8和图6-5、图6-6所示。结果显示，国有企业及外商独资企业员工的心理授权水平及创新行为均较高，私营企业和中外合资企业员工的心理授权水平及创新行为均较低。数据分析可知，一部分原因可能是国有企业工作较为稳定，工作制度较为规范，工作流程较为制度化，外商独资企业可能更加强调授权、分权、民主等的经营管理方式，另一部分原因可能是问卷发放时样本分布不均匀，问卷较多地集中于国有企业及外商独资企业。

表6-8 企业性质两两多重比较

变量	企业性质（I）	企业性质（J）	均值差异（I-J）	标准误差	Sig.
心理授权	国有企业	私营企业	0.51850***	0.06772	0.000
		其他	0.40420**	0.12943	0.002
创新行为	国有企业	中外合资	0.62634***	0.19242	0.001
		私营企业	0.67732***	0.07685	0.000
		其他	0.76125***	0.14689	0.000

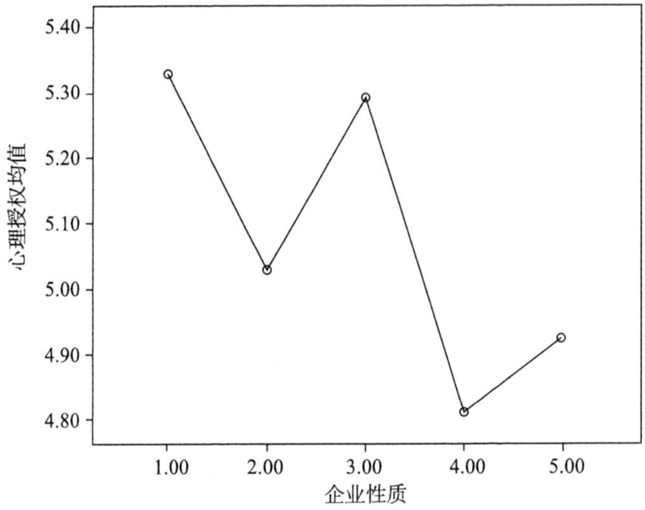

图6-5　不同企业性质的员工心理授权（PE）均值折线图

注："1.00"代表"国有企业"，"2.00"代表"中外合资企业"，"3.00"代表"外商独资企业"，"4.00"代表"私营企业"，"5.00"代表"其他类型企业"，图6-6同此。

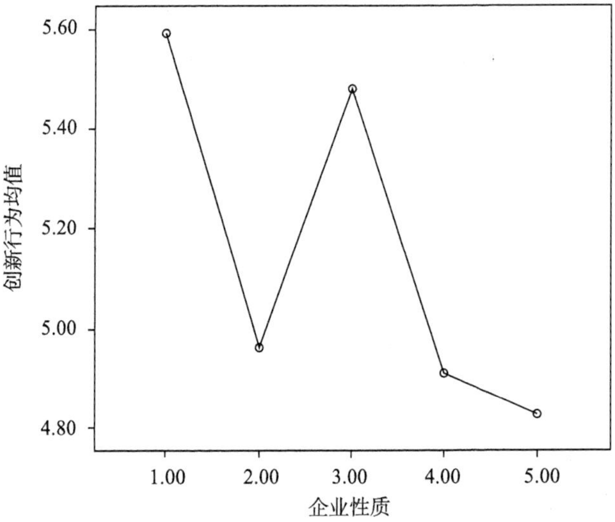

图6-6　不同企业性质的员工创新行为（CB）均值折线图

6.6　工作职务的单因素方差分析

由表6-9可知，工作职务的不同对员工的心理授权及创新行为均具有显著影响（其中前者 $p = 0.000 < 0.001$，后者 $p = 0.030 < 0.05$）。

表6-9　工作职务的单因素方差分析

变量		离差平方和	df	方差	F	Sig.	是否存在显著差异
心理授权	组间值	32.242	4	8.061	9.162	0.000	是
	组内值	752.237	855	0.880			
	总值	784.479	859	—			
创新行为	组间值	13.016	4	3.254	2.700	0.000	是
	组内值	1030.487	855	1.205			
	总值	1043.502	859	—			

进一步地，对工作职务对员工心理授权和创新行为的影响进行两两多重比较，由表6-10及图6-7、图6-8可知，公司总经理及以上职务的员工心理授权及创新行为水平最高，这是因为公司的经营管理权往往集中于公司总经理及以上职务的员工，其次是普通员工和部门经理；主管及公司副总经理的心理授权水平及创新行为较少，这可能是由于其岗位主要是参谋职位，更多地辅助部门经理及公司总经理做出决策。

表6-10　工作职务两两多重比较

变量	工作职务（I）	工作职务（J）	均值差异（I-J）	标准误差	Sig.
心理授权	普通员工	公司副总经理	0.88492***	0.16539	0.000
	主管	公司副总经理	0.86017***	0.17839	0.000
	部门经理	公司副总经理	1.06911***	0.19276	0.000
	公司副总经理	公司总经理及以上	1.77540***	0.49581	0.000
创新行为	普通员工	公司副总经理	0.54169**	0.19357	0.005
	主管	公司副总经理	0.43895*	0.20879	0.036
	部门经理	公司副总经理	0.47270*	0.22561	0.036
	公司副总经理	公司总经理及以上	−1.34706*	0.58031	0.021

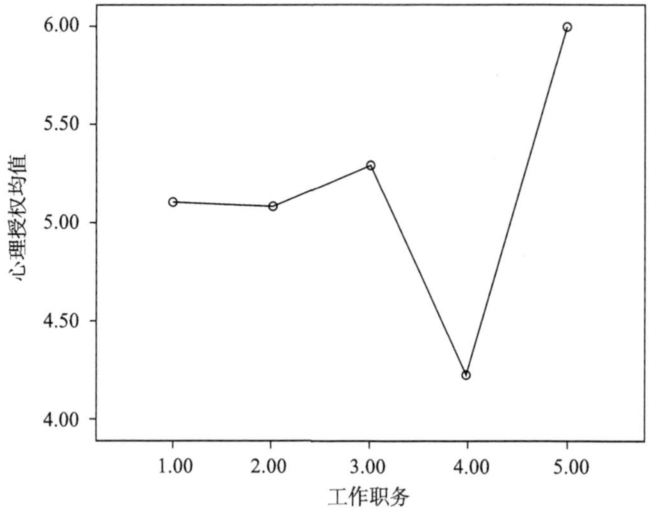

图6-7　不同工作职务的员工心理授权（PE）均值折线图

注：“1.00”代表“普通员工”，“2.00”代表“主管”，“3.00”代表“部门经理”，“4.00”代表“公司副总经理”，“5.00”代表“公司总经理及以上”，图6-8同。

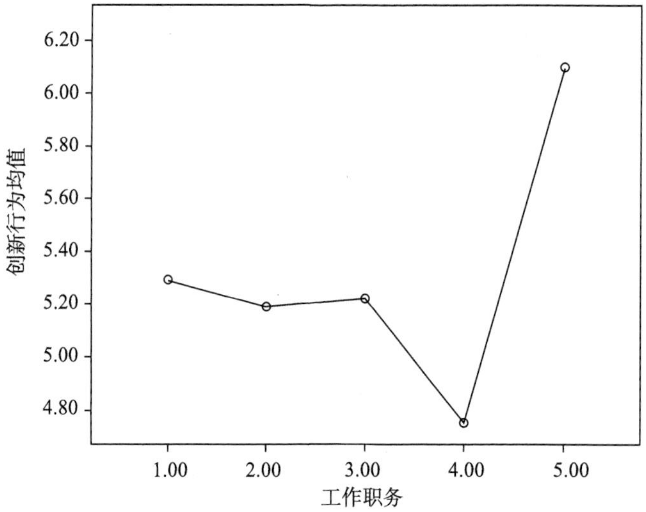

图6-8　不同工作职务的员工创新行为（CB）均值折线图

6.7　工作收入的单因素方差分析

由表6-11可知，工作收入的不同对员工的心理授权及创新行为均具有显著影响（p = 0.000 < 0.001）。进一步地，对工作收入对员工心理授权和创新行为的影响进行两两多重比较，由表6-12及图6-9、图6-10可知，月收入在2000～2999元的员工心理授权水平最高，其次是月收入在2000元及以下的员工，月收入在3000～3999元的员工心理授权水平最低。创新行为发生最多的集中于月收入在2000元及以下的员工，其次是月收入在2000～2999元的员工，这是因为月收入较低的员工有较多的动力去进行创新，以通过创新行为来逐渐获取较高的收入及职位。月收入在4000～4999元及以上的员工创新行为表现较为均衡，这可能与员工的收入渐渐地稳定下来有关。

表6-11　工作收入的单因素方差分析

变量		离差平方和	df	方差	F	Sig.	是否存在显著差异
心理授权	组间值	53.427	6	8.905	10.390	0.000	是
	组内值	731.052	853	0.857			
	总值	784.479	859	—			
创新行为	组间值	13.016	6	13.892	12.342	0.000	是
	组内值	1030.487	853	1.126			
	总值	1043.502	859	—			

表6-12　工作收入两两多重比较

变量	工作收入（I）	工作收入（J）	均值差异（I-J）	标准误差	Sig.
心理授权	2000元及以下	2000～2999元	-0.20361*	0.08474	0.016
		3000～3999元	0.48103***	0.09889	0.000

续表

变量	工作收入（I）	工作收入（J）	均值差异（I-J）	标准误差	Sig.
心理授权	2000～2999元	3000～3999元	0.68464***	0.09159	0.000
		4000～4999元	0.41253***	0.11341	0.000
		5000～5999元	0.41482**	0.14405	0.004
		6000～6999元	0.36748*	0.17227	0.033
		7000元以上	0.43106*	0.15265	0.005
	3000～3999元	4000~4999元	-0.27210*	0.12434	0.029
创新行为	2000元及以下	2000-2999元	0.45232***	0.09711	0.000
		3000-3999元	0.93056***	0.11333	0.000
		4000-4999元	0.55126***	0.13681	0.000
		5000-5999元	0.73633***	0.17052	0.000
		6000-6999元	0.67800***	0.20200	0.001
		7000元以上	0.59467***	0.18008	0.001
	2000～2999元	3000～3999元	0.47824***	0.10497	0.000

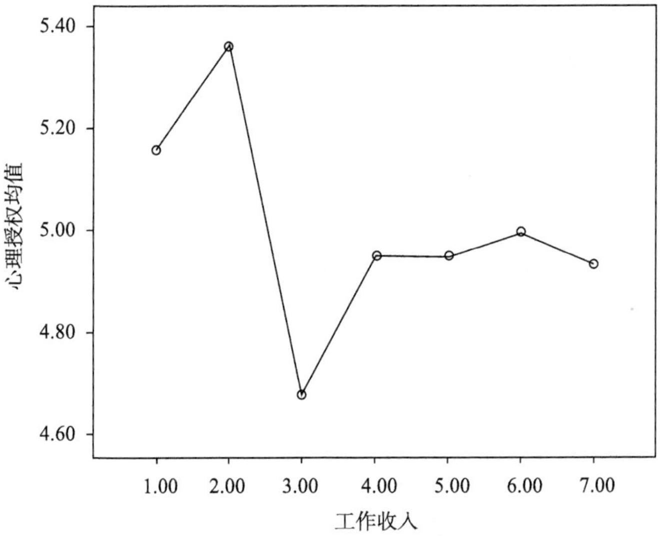

图6-9　不同收入的员工心理授权（PE）均值折线图

注："1.00"代表"月收入2000元及以下"，"2.00"代表"月收入2000～2999元"，"3.00"代表"月收入3000～3999元"，"4.00"代表"月收入4000～4999元"，"5.00"代表"月收入5000～5999元"，"6.00"代表"月收入6000～6999元"，"7.00"代表"月收入7000元以上"，图6-10同此。

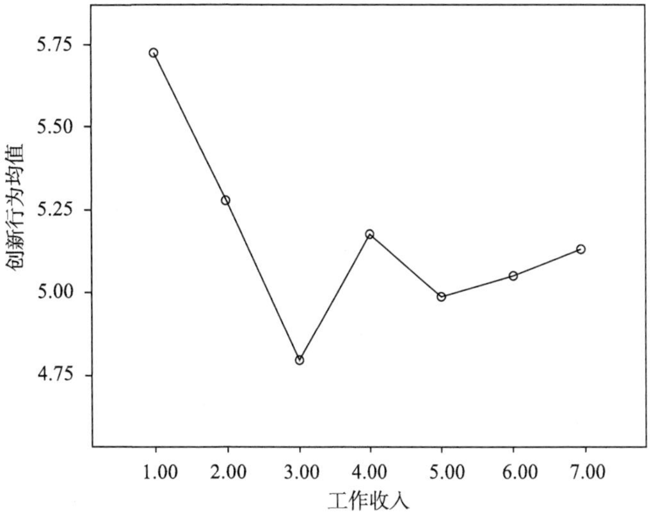

图6-10 不同收入的员工创新行为（CB）均值折线图

6.8 小结

本章主要通过搜集来的数据研究控制变量对员工心理授权和创新行为的影响，主要涉及的人口统计学变量有性别、年龄、受教育程度、任职年限、工作职位、企业性质、工作收入7个变量。研究结果表明，性别、年龄、教育程度、工作年限、工作职务、工作收入等人口学变量对心理授权具有显著影响，性别、年龄对创新行为无显著影响，教育程度、任职年限、工作职务、工作收入等人口学变量对创新行为具有显著影响。

第7章　心理授权的中介效应检验

7.1　检验思路

本书采用相关分析法对冲突管理、心理授权、创新行为、政治技能等变量间的相关性进行初步判断，采用复回归分析法来检验劳资关系情境下冲突管理对心理授权的影响、心理授权对员工创新行为的影响、冲突管理对员工创新行为的影响；采用层级回归分析、结构方程模型等方法来检验心理授权的中介效应。其中，相关分析、复回归分析和层级回归分析采用统计软件SPSS16.0进行，结构方程模型分析采用统计软件LISREL8.70进行。

在利用层级回归法进行心理授权的中介效应检验时，将心理授权12个题项的4个维度视作一个整体概念。

第六章的研究结果显示，性别、年龄、受教育程度、工作年限、工作职务、企业性质、工作收入等人口统计学变量对心理授权、创新行为具有显著影响，因此对中介效应进行检验时，将上述人口统计学变量作为控制变量。

7.2　统计分析

根据Baron和Kenny（1986）提供的层级回归法检验中介效应的程序，具体包括以下步骤：

第一步，做中介变量对自变量的回归，自变量的回归系数应该显著；

第二步，做因变量对中介变量的回归，中介变量的回归系数应该显著；

第三步，做因变量对自变量的回归，自变量的回归系数应该显著；

第四步，做因变量对自变量和中介变量的回归，中介变量的回归系数应该显著。在中介变量系数显著的前提下，看自变量的回归系数，如果自变量系数不显著，则表明存在完全中介作用，如果自变量系数仍然显著但比第三步中的回归系数有所降低，则表明存在部分中介作用。

7.2.1　相关性分析

首先对冲突管理、心理授权、创新行为、政治技能等变量之间的相关性进行检验，检验结果如表7-1所示。

表7-1　各变量的均值、标准差和相关系数

变量	M	S.D	1	2	3	4	5	6	7	8	9
合作型的冲突管理行为	5.1186	1.07193	1								
竞争型的冲突管理行为	4.7081	1.15642	0.359**	1							
回避型的冲突管理行为	4.7081	1.32858	0.539**	0.390**	1						
妥协型的冲突管理行为	5.0221	1.26706	0.637**	0.463**	0.496**	1					
工作意义	5.3636	1.16112	0.483**	0.190**	0.316**	0.264**	1				
胜任力	5.3000	1.06407	0.440**	0.296**	0.321**	0.309**	0.640**	1			
自我决定	5.0798	1.15227	0.446**	0.404**	0.410**	0.443**	0.515**	0.631**	1		
影响力	4.6907	1.39058	0.348**	0.433**	0.419**	0.431**	0.250**	0.391**	0.661**	1	

续表

变量	M	S.D	1	2	3	4	5	6	7	8	9
创新行为	5.2530	1.10217	0.391**	0.355**	0.351**	0.398**	0.347**	0.315**	0.387**	0.318**	1

注：*表示 $p < 0.05$，**表示 $p < 0.01$，N=860。

由表7-3可知，在模型a的路径系数中，“妥协型的冲突管理行为→心理授权”（Beta=0.09，t=1.65）、“合作型的冲突管理行为→创新行为”（Beta=0.06，t=1.06）、“回避型的冲突管理行为→创新行为”（Beta=0.03，t=0.58） 三条路径的t值均小于1.68，因此路径系数不显著。通过对6因子模型的结构方程分析，拟合指数中RMSEA=0.078，NNFI=0.89，FI=TLI=0.90，根据陈晓萍、徐淑英（2008）对契合指数的研究，当RMSEA等于或小于0.05时，代表假设模型拟合程度好；0.05 ~ 0.08之间时，代表拟合程度可以接受；0.08 ~ 0.10之间时，代表拟合程度一般；当超过0.10时则代表了模型与数据较差的拟合度。对于CFI和TLI的一般规律是：取值大于0.9，若大于0.95，则代表假设理论模型与数据的拟合度非常好。通过上述分析发现，模型a的相对拟合指数达到了满意水平，说明模型a的拟合情况比较好。为了比较竞争模型的拟合情况，结合对中介效应的回归分析，本书在模型a的基础上去掉“妥协型的冲突管理行为→心理授权”（Beta=0.09，t=1.65）、“合作型的冲突管理行为→创新行为”（Beta=0.06，t=1.06）、“回避型的冲突管理行为→创新行为”（Beta=0.03，t=.58）这三条路径，得到模型b，模型b的运行结果如图7-2、表7-4所示。

7.2.2 回归分析

其次，采用Baron和Kenny（1986）提供的层级回归法检验冲突管理、心理授权、创新行为之间的关系，检验结果如表7-2所示。

表7-2 冲突管理、心理授权、创新行为之间的关系检验结果

预测变量		模型（因变量）							
		模型1（心理授权）		模型2（创新行为）		模型3（创新行为）		模型4（创新行为）	
		Beta	t	Beta	t	Beta	t	Beta	t
控制变量	性别	0.091***	3.242	-0.144***	-4.711	-0.135***	-4.404	-0.156***	-5.200
	年龄	-0.086*	-2.526	0.044	1.181	0.007	0.186	0.027	0.751
	受教育程度	-0.010	-0.305	0.019	0.512	0.019	0.523	0.022	0.604
	工作年限	0.065	1.880	-0.201***	-5.417	-0.147***	-3.907	-0.162***	-4.411
	企业性质	-0.070*	-2.236	-0.176***	-5.351	-0.157***	-4.671	-0.141***	-4.272
	工作职务	0.117***	3.660	0.025	0.717	0.084*	2.426	0.056	1.655
	工作收入	-0.038	-1.062	-0.045	-1.153	-0.055	-1.417	-0.046	-1.213
自变量	合作型的冲突管理行为	0.306***	7.987			0.238***	5.740	0.166***	3.950
	竞争型的冲突管理行为	0.207***	6.522			0.130***	3.788	0.081*	2.365
	回避型的冲突管理行为	0.173***	5.067			0.063	1.711	0.022	0.613
	妥协型的冲突管理行为	0.075*	1.961			0.091*	2.221	0.074	1.832
中介变量	心理授权			0.388***	12.679			0.236***	6.494
F		50.836		41.783		31.999		34.271	
F显著性		0.000		0.000		0.000		0.000	
调整的R^2		0.390		0.275		0.284		0.317	
ΔR^2		—		-0.115		0.011		0.034	
ΔF		—		0.000		0.000		0.000	

注：*表示$p < 0.05$，**表示$p < 0.01$，***表示$p < 0.001$。

如表7-2所示，模型1表示中介变量心理授权对自变量冲突管理和控制变量的回归，F值为50.836，F值的显著性概率为0.000，通过F检验；模型1调整的R^2为0.390，表明预测变量解释了39%的方差，其中性别（Beta=0.091， p = 0.001）、年龄（Beta=- 0.086，p = 0.012）、企业性质（Beta=- 0.070，p = 0.026）、工作职务（Beta=0.117，p = 0.000）、合作型的冲突管理行为（Beta=0.306，p = 0.000）、竞争型的冲突管理行为（Beta=0.207，p = 0.000）、回避型的冲突管理行为（Beta=0.173，p = 0.000）、妥协型的冲突管理行为（Beta=0.075，p = 0.050）对心理授权的影响显著。模型1的回归标准化方程如下所示：

心理授权=0.091性别−0.086年龄−0.070企业性质+0.117工作职务+0.306合作型的冲突管理行为+0.207竞争型的冲突管理行为+0.173回避型的冲突管理行为+0.075妥协型的冲突管理行为+μ

模型1的检验结果表明，假设H6、H7、H9得到支持，即合作型的冲突管理行为、回避型的冲突管理行为、妥协型的冲突管理行为与员工心理授权显著正相关。与假设H10相反的是，竞争型的冲突管理行为与员工心理授权显著正相关。究其原因，雇主（管理层）采取竞争型的冲突管理行为，即雇主（管理层）在解决冲突时，更多地采用权力、权威等施加影响，对员工心理授权产生正向影响，可能源于中国的儒家文化。儒家文化推崇君臣、父子等上下级和长辈、晚辈之间的关系，强调臣对君、子对父的绝对权威和绝对服从，这种传统性使得下级对上级的威权和专权行为会采取服从的行为，从而维持一种和谐的局面。以上是心理授权中介效应检验的第一个步骤，经验证获得通过。

模型2表示创新行为对心理授权和控制变量的回归，F值为41.783，F值的显著性为0.000，通过F检验；模型2调整的R^2为0.275，表明所有预测变量解释了27.5%的方差，其中性别（Beta=−0.144，p = 0.000）、工作年限（Beta=−0.201，p = 0.000）、企业性质（Beta=- 0.176，p = 0.000）、心理授权（Beta=0.388，p = 0.000）对员工创新行为的影响显著。

模型2的回归标准化方程如下所示：

员工创新行为=−0.144性别−0.201工作年限−0.176企业性质+0.388心理授权+μ

模型2的检验结果表明，假设H11得到支持，即员工心理授权与创新行为显著正相关。模型2通过中介效应检验的第二个步骤。

模型3表示创新行为对自变量冲突管理和控制变量的回归，F值为31.999，F值的显著性为0.000，通过F检验；模型3调整的R^2为0.284，表明所有预测变量解释了28.4%的方差，其中性别（Beta=−0.135，p = 0.000）、工作年限（Beta=−0.147，p = 0.000）、企业性质（Beta=−0.157，p = 0.000）、工作职务（Beta=0.084，p = 0.015）、合作型的冲突管理行为（Beta=0.238，p = 0.000）、竞争型的冲突管理行为（Beta=0.130，p = 0.000）、妥协型的冲突管理行为（Beta=0.091，p = 0.027）对员工创新行为的影响显著。

模型3的回归标准化方程可由下式表示：

创新行为=−0.135性别−0.147工作年限−0.157企业性质+0.084工作职务+0.238合作型的冲突管理行为+0.130竞争型的冲突管理行为+0.091妥协型的冲突管理行为+μ

模型3的检验结果表明，假设H1、H3、H5得到支持，假设H2的显著效果得到验证，但是与假设中的结果呈反向关系，即竞争型的冲突管理行为与员工创新行为显著正相关，而不是显著负相关。因此，心理授权中介效应的第三个步骤获得通过。

模型4显示的是创新行为对控制变量和自变量冲突管理及中介变量心理授权的回归，F值为34.271，F值的显著性为0.000，通过F检验；模型4调整的R^2为0.317，表明所有预测变量解释了31.7%的方差，其中性别（Beta=−0.156，p = 0.000）、工作年限（Beta=− 0.162，p = 0.000）、企业性质（Beta=− 0.141，p = 0.000）、合作型的冲突管理行为（Beta=0.166，p = 0.000）、竞争型的冲突管理行为（Beta=0.081，p = 0.018）、心理授权（Beta=0.236，p=0.000）对员工创新行为的影响显著。心理授权中介效应的第四个步骤通过模型4得以验证。

模型4的回归标准化方程可由下式表示：

创新行为=−0.156性别−0.162工作年限−0.141企业性质+0.166合作型的冲突管理行为+0.081竞争型的冲突管理行为+0.236心理授权+μ

模型4的检验结果表明，假设H12a、H12b、H12c、H12d得到支持，通过对比系数的显著性。研究结果表明，合作型的冲突管理行为、竞争型的冲突管理行为与创新行为之间的关系被心理授权部分中介，回避型的冲突管理行为、妥协型的冲突管理行为与创新行为之间的关系被心理授权完全中介。因此，模型4验证了心理授权中介效应的第四个步骤。

7.2.3 结构方程模型分析

最后，本书采用结构方程模型分析方法来检验心理授权在冲突管理与员工创新行为之间的中介效应，以合作型的冲突管理行为、竞争型的冲突管理行为、回避型的冲突管理行为、妥协型的冲突管理行为为自变量，以心理授权为中介变量，以创新行为为因变量，建构结构方程模型，结构方程模型的运行结果如表7-3和图7-1所示。

表7-3 中介效应检验模型a运行结果

路径	路径系数（Bate）	t值	拟合指数	数值
合作型的冲突管理行为→心理授权	0.27	5.03	χ^2/df	16.178
竞争型的冲突管理行为→心理授权	0.24	6.27	RMSEA	0.078
回避型的冲突管理行为→心理授权	0.22	4.71	NNFI	0.89
妥协型的冲突管理行为→心理授权	0.09	1.65	CFI	0.90
合作型的冲突管理行为→创新行为	0.06	1.06	TLI	0.90
竞争型的冲突管理行为→创新行为	0.16	3.68		
回避型的冲突管理行为→创新行为	0.03	0.58		
妥协型的冲突管理行为→创新行为	0.19	3.18		
心理授权→创新行为	0.23	4.92		

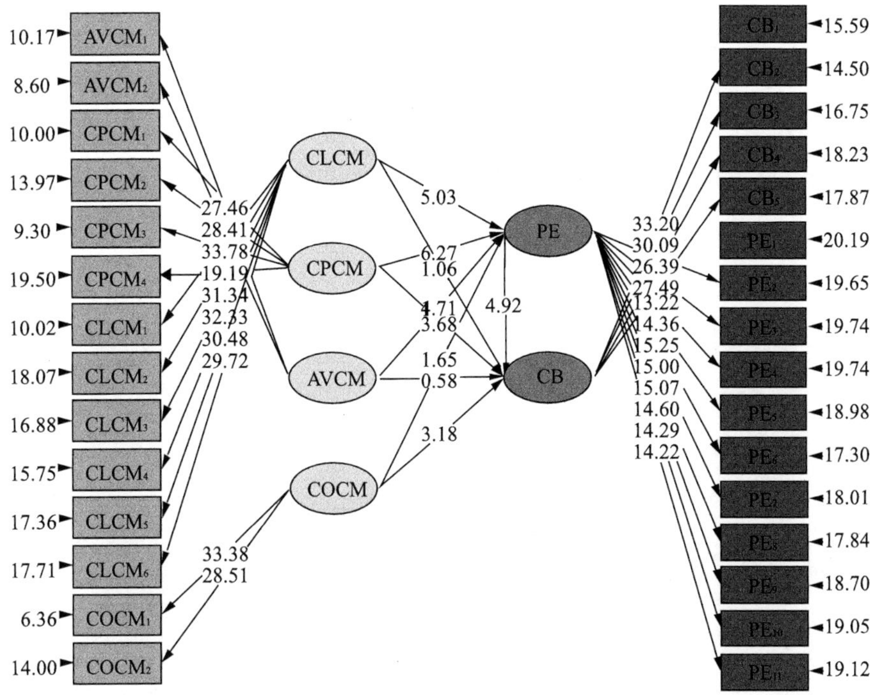

图7-1　中介效应检验模型a

表7-4　中介效应检验模型b运行结果

路径	路径系数（Beta）	t值	拟合指数	数值
合作型的冲突管理行为→心理授权	0.32	7.24	χ^2/df	16.107
竞争型的冲突管理行为→心理授权	0.27	7.11	RMSEA	0.078
回避型的冲突管理行为→心理授权	0.23	4.99	NNFI	0.89
竞争型的冲突管理行为→创新行为	0.15	3.58	CFI	0.90
妥协型的冲突管理行为→创新行为	0.25	5.80	TLI	0.90
心理授权→创新行为	0.25	5.87		

如表7-4所示，模型b的所有路径系数都显著。模型b与模型a相比，其拟合指数中虽然RMSEA、NNFI、CFI、TLI相同，但χ^2/df由16.178降到16.107，说明

模型b与模型a相比有所改进，因此模型b是一个相对较好的模型。由模型b的运行结果可知，心理授权在竞争型的冲突管理行为和创新行为之间起部分中介作用，心理授权在合作型的冲突管理行为、回避型的冲突管理行为与创新行为的关系之间起完全中介作用，妥协型的冲突管理行为与创新行为之间的中介作用没有得到支持。假设H12a、H12b、H12c得到支持。

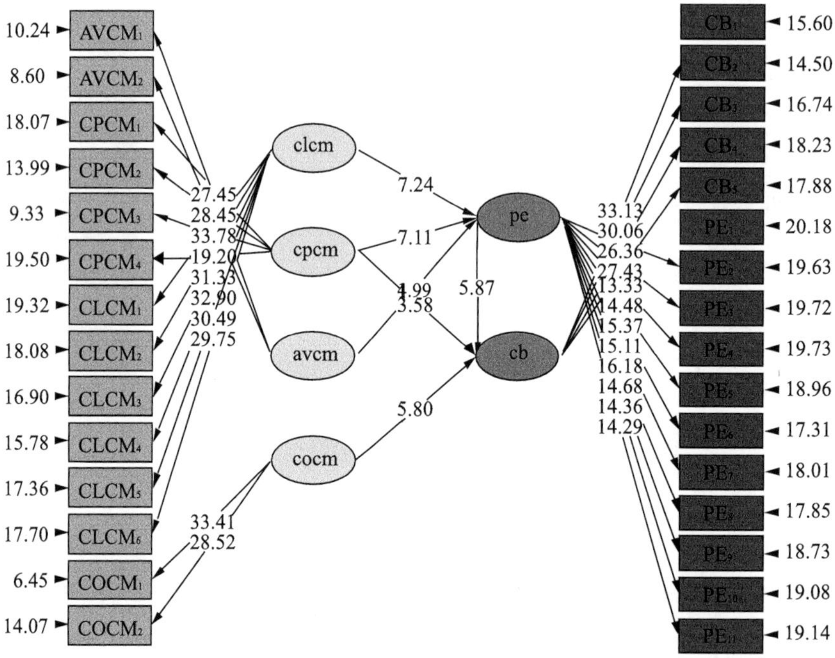

图7-2　中介效应检验模型b

7.3　小结

本章旨在探讨冲突管理（合作型的冲突管理行为、竞争型的冲突管理行为、回避型的冲突管理行为、妥协型的冲突管理行为）、员工心理授权、员工创新行为三者之间的关系。首先，采用复回归法检验了冲突管理各个维度与员工心理授权、创新行为的关系。研究结果表明，冲突管理的4个维度，即合作型的冲突管理行为、竞争型的冲突管理行为、回避型的冲突管理行为、妥协型的冲突管理行为均与员工心理授权具有显著的正向影响，除回避型的冲突管理行为与员工创新行为之间不具有显著的相关关系之外，冲突管理其余3个维度均与员工创新行为具有显著的正相关关系。同样，采用复回归法检验了员工心理授权与员工创新行为之间的关系。研究结果表明，员工心理授权与员工创新行为之间呈显著的正相关关系。其次，采用层级回归法对员工心理授权的中介效应进行了检验。研究结果表明，心理授权对合作型的冲突管理行为、竞争型的冲突管理行为与创新行为之间的关系起部分中介作用，心理授权对回避型的冲突管理行为、妥协型的冲突管理行为与创新行为之间的关系起完全中介作用。最后，采用结构方程模型来进一步分析员工心理授权的中介效应。研究结果显示，心理授权在竞争型的冲突管理行为和创新行为之间起部分中介作用，心理授权在合作型的冲突管理行为、回避型的冲突管理行为与创新行为的关系之间起完全中介作用，妥协型的冲突管理行为与创新行为之间的中介作用没有得到支持。需要引起注意的是，通过层级回归及结构方程模型分别对心理授权的中介效应进行检验，发现不同的统计方法所得到的结论有所不同。层级回归检验的结果表明，心理授权对合作的冲突管理行为与创新行为之间的关系起部分中介作用，心理授权对妥协型的冲突管理行为与创新行为之间的关系起完全中介作用。而结构方程分析结果显示，心理授权对合作型的冲突管理行为与创新行为之间的关系起完全中介作用，心理授权在妥协型的冲突管理行为与创新行为之间的中介作用没有得到支持。判断是否存在中介效应的标准是，自变量对因变量的解释力度会随着中介变量的介入而下降，但是对于下降多少才算显著却没有明确规定。因此，本书关于中介效应检验的结果主要以结构方程模型的分析结果为准。

综上所述，本章假设检验结果如表7-5所示。

表7-5 心理授权中介效应的检验结果小结

假设	假设内容	结果
H1	合作型的冲突管理行为对员工创新行为具有正向影响	不支持
H2	竞争型的冲突管理行为对员工创新行为具有负向影响	部分支持

续表

假设	假设内容	结果
H3	回避型的冲突管理行为对员工创新行为具有正向影响	不支持
H4	迁就型的冲突管理行为对员工创新行为具有正向影响	—
H5	妥协型的冲突管理行为对员工创新行为具有正向影响	支持
H6	合作型的冲突管理行为对心理授权具有正向影响	支持
H7	回避型的冲突管理行为对心理授权具有正向影响	支持
H8	迁就型的冲突管理行为对心理授权具有正向影响	支持
H9	妥协型的冲突管理行为对心理授权具有正向影响	不支持
H10	竞争型的冲突管理行为对心理授权具有负向影响	部分支持
H11	员工心理授权对员工创新行为具有正向影响	支持
H12	心理授权在冲突管理行为与员工创新行为之间起中介作用	部分支持
H12a	心理授权在合作型的冲突管理行为与员工创新行为之间起中介作用	支持
H12b	心理授权在竞争型的冲突管理行为与员工创新行为之间起中介作用	支持
H12c	心理授权在回避型的冲突管理行为与员工创新行为之间起中介作用	支持
H12d	心理授权在迁就型的冲突管理行为与员工创新行为之间起中介作用	—
H12e	心理授权在妥协型的冲突管理行为与员工创新行为之间起中介作用	不支持

第8章　政治技能的调节效应检验

研究表明，冲突管理与创新行为之间的关系会受到其他变量的影响。这些因素包括环境因素、组织因素和个体因素等，在文献综述部分有介绍。本章内容主要从个体因素的角度分析个体的政治技能对二者关系是否存在调节效应。因此，本章的主要目的是研究个体的政治技能对创新行为的直接影响，进一步研究个体政治技能与作为组织因素的冲突管理对创新行为的交互影响。

目前为止，还没有研究探讨冲突管理与政治技能对员工创新行为的交互效应。在企业组织中员工的政治技能有高有低，前面的研究结果表明，冲突管理对员工创新行为有显著的影响，那么政治技能对创新行为有显著的影响吗？具有不同政治技能的员工在创新行为表现上有什么不同？对于具有不同政治技能的员工，冲突管理方式对他们的创新行为的影响是否相同呢？对这些问题的回答，有利于企业人力资源管理战略和实践的有效制定和实行。

8.1　研究设计

8.1.1　假设模型

经过上述分析，本书首先提出假设模型，如图8-1所示。

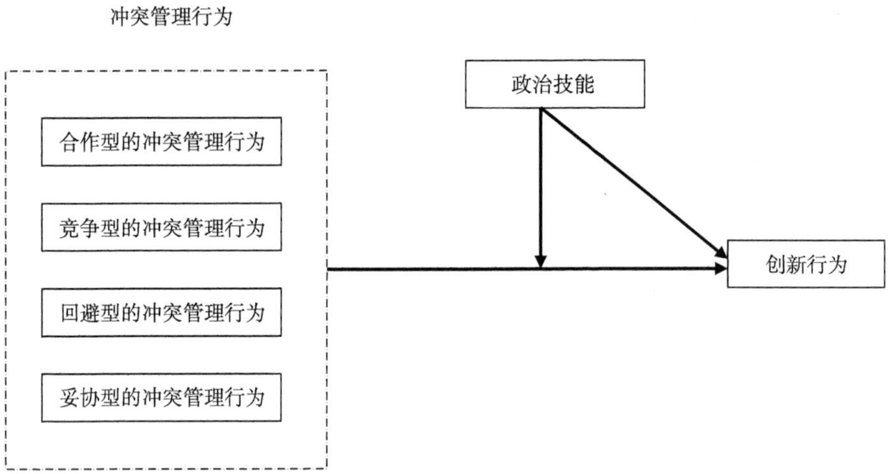

图8-1　调节效应假设模型

8.1.2　模型检验思路

本章的主要内容是检验政治技能对创新行为的直接效应，以及政治技能在冲突管理行为（合作型的冲突管理行为、竞争型的冲突管理行为、回避型的冲突管理行为、妥协型的冲突管理行为）与创新行为之间的调节效应。首先采用相关分析对主要变量间的相关性进行初步判断；其次采用复回归分析来检验政治技能对创新行为的影响；最后采用层级回归分析检验政治技能的调节效应。其中，相关分析、复回归分析和层级回归分析采用统计软件SPSS16.0进行。另外，第五章的研究结果表明，年龄、性别、受教育程度、任职年限、工作职务、企业性质、工作收入等人口学变量对创新行为有显著影响，因此在对图8-1的模型假设进行检验时，把上述7个人口学变量作为控制变量。

8.1.3　统计方法

通常在检验调节效应时，首先要将自变量和调节变量做中心化处理。具体检验步骤，一般采用Baron和Kenny提供的检验程序进行（1986）。该程序的步骤及判定条件包括4步：第一步，将自变量与调节变量中心化；第二步，做因变量对自变量和调节变量的回归，得测定系数R12；第三步，做因变量对自变量、调节变量、自变量×调节变量的回归，得测定系数R22；第四步，调节效应判断。如果R22显著高于R12；则调节效应显著。或者做自变量×调节变量的回归系数检验，若显著，则调节效应显著。

8.2　统计分析

8.2.1　相关性分析

首先检验各主要变量之间的相关性，检验结果如表8-1所示。

表8-1　各变量的均值、标准差和相关系数

变量	M	S.D	1	2	3	4	5	6
合作型的冲突管理行为	5.1186	1.07193	1					
竞争型的冲突管理行为	4.7081	1.15642	0.359***	1				
回避型的冲突管理行为	4.7081	1.32858	0.539***	0.390***	1			
妥协型的冲突管理行为	5.0221	1.26706	0.637***	0.463***	0.496***	1		
政治技能	5.3027	0.85467	0.521***	0.349***	0.343***	0.419***	1	
创新行为	5.2530	1.10217	0.391***	0.355***	0.351***	0.398***	0.436***	1

注：***表示 $p < 0.001$，$N = 860$。

相关性分析结果显示，政治技能（$r=0.355$，$p < 0.001$）与创新行为显著正相

关；合作型的冲突管理行为（r=0.521，$p < 0.001$）、竞争型的冲突管理行为（r=0.349，$p < 0.001$）、回避型的冲突管理行为（r=0.343，$p < 0.001$）、妥协型的冲突管理行为（r=0.419，$p < 0.001$）与政治技能显著相关。

相关分析之后，本书采用复回归分析法探讨冲突管理、政治技能、创新行为三者之间的关系。

8.2.2 政治技能与创新行为之间的关系检验

本书采用复回归分析方法检验政治技能对员工创新行为的影响。将员工创新行为作为效标变量，控制变量和政治技能为预测变量，采用Enter的方法进行复回归分析，通过回归模型的F值和回归系数来检验冲突管理的预测效应。由于自变量间具有适度相关，分析过程中同时进行多重共线性检验。分析结果如表8-2所示。

表8-2 创新行为对政治技能的回归分析结果

预测变量		解释变量CB（员工创新行为）			
		Beta	t	Sig.	VIF
控制变量	性别	−0.138***	−4.689	0.000	1.093
	年龄	0.013	0.364	0.716	1.601
	受教育程度	−0.015	−0.419	0.675	1.580
	工作年限	−0.194***	−5.369	0.000	1.630
	企业性质	−0.225***	−7.211	0.000	1.226
	工作职务	0.087**	2.592	0.000	1.411
	月收入	−0.065	−1.699	0.090	1.817
调节变量	政治技能	0.428***	14.825	0.000	1.046
调整的R^2	0.315				
F	50.429				
F显著性	0.000				

注：*表示$p < 0.05$，**表示$p < 0.01$，***表示$p < 0.001$。

由表8-2可知，回归模型的F值为50.429，F值的显著性概率为0.000，通过F检验；模型的调整R^2为0.315，表明所有预测变量解释了31.5%的方差。检验结果显示，控制变量中性别（Beta=-0.138，$p < 0.001$）、工作年限（Beta=-0.194，$p < 0.001$）、企业性质（Beta=-0.225，$p < 0.001$）和工作职务（Beta=-0.087，$p < 0.01$）4个变量对创新行为影响比较显著；政治技能（Beta=0.428，$p < 0.001$）对创新行为影响显著。因此，政治技能对员工创新行为的回归标准化方程可由下式表示：

创新行为=-0.138性别-0.194工作年限-0.225企业性质-0.087工作职务+0.121合作型的冲突管理行为+0.079竞争型的冲突管理行为+0.428政治技能+μ

相关分析和回归分析的研究结果都表明了政治技能对员工创新行为有显著的正向影响，假设H13得到支持。

8.2.3　调节效应检验

接下来将采用层级回归分析方法进行交互效应检验。将创新行为作为效标变量，控制变量、冲突管理（合作型的冲突管理行为、竞争型的冲突管理行为、回避型的冲突管理行为、妥协型的冲突管理行为）、政治技能作为预测变量，首先将控制变量放入回归方程，然后将冲突管理的4个维度和政治技能放入回归方程，最后分别放入冲突管理各个维度和政治技能的乘积项，进行层级回归分析，通过回归模型的F值和回归系数来检验冲突管理的预测效应。层级回归分析结果如表8-3所示。

从表8-3可知，模型1表示人口统计学变量对创新行为的影响，其F值为20.874，F值的显著性概率为0.000，通过F检验；模型1的调整R^2为0.139，意味着预测变量解释了13.9%的方差，其中性别（Beta=-0.081）、工作年限（Beta=-0.216）、企业性质（Beta=-0.268）对创新行为的影响比较显著。

模型2表示人口统计学变量、冲突管理（合作型的冲突管理行为、竞争型的冲突管理行为、回避型的冲突管理行为、妥协型的冲突管理行为）、政治技能对创新行为的影响，其F值为39.216，F值的显著性概率为0.000，通过F检验；模型2的调整R^2为0.348，意味着预测变量解释了34.8%的方差，其中性别（Beta=-0.151）、工作年限（Beta=-0.158）、企业性质（Beta=-0.170）、工作职务（Beta=0.091）、合作型的冲突管理行为（Beta=0.121）、竞争型的冲突管理行为（Beta=0.079）、政治技能（Beta=0.307）对创新行为的影响比较显著。模型2的回归标准化方程式如下：

创新行为=-0.151性别-0.158工作年限-0.170企业性质+0.091工作职务+0.121合作型的冲突管理行为+0.079竞争型的冲突管理行为+0.307政治技能+μ

模型3表示人口统计学变量、冲突管理（合作型的冲突管理行为、竞争型的冲突管理行为、回避型的冲突管理行为、妥协型的冲突管理行为）、政治技能、政治技能×冲突管理（合作型的冲突管理行为、竞争型的冲突管理行为、回避型的冲突管理行为、妥协型的冲突管理行为）对创新行为的影响，其F值为29.913，F值的显著性概率为0.000，通过F检验；模型2的调整R^2为0.350，意味着预测变量解释了35.0%的方差，ΔR^2=0.004，表明政治技能×冲突管理的交互项对模型的解释力度不显著。因此模型3的检验结果表明，政治技能对冲突管理与员工创新行为的调节效应不显著，因此假设H14未得到验证。

表8-3　政治技能的调节作用检验

预测变量		解释变量CB（员工创新行为）		
		M_1	M_2	M_3
控制变量	性别	-0.081*	-0.151***	-0.153***
	年龄	0.009	0.013	0.019
	受教育程度	0.011	-0.004	-0.014
	工作年限	-0.216***	-0.158***	-0.152***
	企业性质	-0.268***	-0.170***	-0.162***
	工作职务	0.059	0.091**	0.096**
	月收入	-0.058	-0.062	-0.061

续表

预测变量		解释变量CB（员工创新行为）		
		M_1	M_2	M_3
自变量	合作型的冲突管理行为		0.121**	0.102*
	竞争型的冲突管理行为		0.079*	0.084*
	回避型的冲突管理行为		0.049	0.049
	妥协型的冲突管理行为		0.060	0.071
调节变量	政治技能		0.307***	0.293***
交互项	合作型的冲突管理行为×政治技能			−0.062
	竞争型的冲突管理行为×政治技能			−0.023
	回避型的冲突管理行为×政治技能			−0.037
	妥协型的冲突管理行为×政治技能			0.036
R^2		0.383	0.598	0.602
F		20.874	39.216	29.913
ΔR^2		—	0.215	0.004
ΔF		—	18.342	-9.303

注：*表示$p < 0.05$，**表示$p < 0.01$，***表示$p < 0.001$。

另外依据温忠麟等（2006）介绍的层级回归法检验有中介的调节效应的程序。具体步骤如下：

第一步，做创新行为对冲突管理、政治技能、冲突管理×政治技能的回归，冲突管理×政治技能的系数应显著，这说明政治技能对冲突管理与创新行为的关系的调节效应显著。

第二步，做心理授权对冲突管理、政治技能、冲突管理×政治技能的回归，冲突管理×政治技能的系数显著。

第三步，做创新行为对冲突管理、政治技能、冲突管理×政治技能、心理授权的回归，心理授权的系数显著。

在第三步中，如果冲突管理×政治技能的系数不显著，则政治技能的调节作用完全通过中介变量心理授权起作用。

因此，检验有中介的调节效应时，先要检验调节效应，然后检验中介效应。

检验时，首先要将自变量、中介变量与调节变量进行中心化处理。

由于经过调节效应检验，政治技能对冲突管理与创新行为的关系的调节效应不显著，所以有中介的调节效应无法进行，假设H15未得到验证。下面进行有调节的中介效应分析。

8.3 心理授权与政治技能的联合效应分析

8.3.1 假设模型

本节主要研究有调节的中介作用模型，假设模型如图8-2所示。

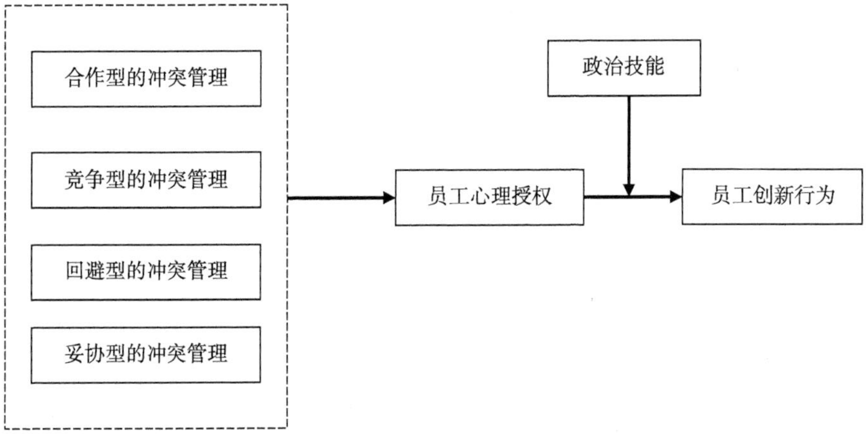

图8-2 联合效应模型

如图8-2所示，冲突管理（合作型的冲突管理行为、竞争型的冲突管理行为、回避型的冲突管理行为、妥协型的冲突管理行为）通过员工心理授权影响员工创新行为，政治技能调节员工心理授权与员工创新行为之间的关系，中介效应（至少部分的）通过调节变量而起作用。温忠麟等（2006）称这样的中介变量为有调节的中介变量（mediated moderator）。而且，冲突管理包括合作型的冲突管理行为、竞争型的冲突管理行为、回避型的冲突管理行为、妥协型的冲突管理行为4个维度。

8.3.2 模型检验思路

根据温忠麟等（2006）介绍的采用层级回归法检验有调节的中介效应的程序，将对有调节的中介变量进行统计分析，具体步骤如下：

第一步，做创新行为对冲突管理、政治技能的回归，冲突管理的系数显著；

第二步，做心理授权对冲突管理、政治技能的回归，冲突管理的系数显著；

第三步，做创新行为对冲突管理、政治技能、心理授权的回归，心理授权的系数显著。到此为止，说明心理授权的中介效应显著；

第四步，做创新行为对冲突管理、政治技能、心理授权、心理授权×政治技能的回归，心理授权×政治技能的系数显著。因此，检验有调节的中介效应时，先检验中介效应，然后检验调节效应。检验时，首先第一步要将自变量、中介变量与调节变量进行中心化处理。

8.3.3 统计分析

1.相关性分析

本书首先检验各主要变量之间的相关关系，检验结果如表8-4所示。

表8-4 各变量的均值、标准差和相关系数

变量	M	S.D	1	2	3	4	5	6	7
合作型的冲突管理行为	5.1186	1.07193	1						
竞争型的冲突管理行为	4.7081	1.15642	0.359***	1					

续表

变量	M	S.D	1	2	3	4	5	6	7
回避型的冲突管理行为	4.7081	1.32858	0.539^{***}	0.390^{***}	1				
妥协型的冲突管理行为	5.0221	1.26706	0.637^{***}	0.463^{***}	0.496^{***}	1			
心理授权	5.0911	.95564	0.534^{***}	0.428^{***}	0.471^{***}	0.467^{***}	1		
政治技能	5.3027	.85467	0.521^{**}	0.349^{***}	0.343^{***}	0.419^{***}	0.539^{***}	1	
创新行为	5.2530	1.10217	0.391^{***}	0.355^{***}	0.351^{***}	0.398^{***}	0.432^{***}	0.436^{***}	1

注：***表示 $p < 0.001$，$N = 860$。

2.层级回归分析

层级回归的分析结果如表8-5所示。

表8-5 冲突管理、心理授权、政治技能、创新行为之间的关系检验结果

预测变量		模型（因变量）							
		模型1（创新行为）		模型2（心理授权）		模型3（创新行为）		模型4（创新行为）	
		Beta	t	Beta	t	Beta	t	Beta	t
控制变量	性别	-0.151^{***}	-5.175	-0.075^{**}	2.799	-0.162^{***}	-5.570	-0.160^{***}	-5.490
	年龄	0.013	0.367	-0.080^{*}	-2.481	0.025	0.701	0.029	0.841
	受教育程度	-0.004	-0.107	-0.033	-1.032	0.001	0.031	0	-0.005
	工作年限	-0.158^{***}	-4.389	0.055	1.662	-0.166^{***}	-4.642	-0.165^{***}	-4.621
	企业性质	-0.170^{***}	-5.276	-0.082^{**}	-2.778	-0.158^{***}	-4.924	-0.155^{***}	-4.845
	工作职务	0.091^{**}	2.753	0.124^{***}	4.094	0.073^{*}	2.203	0.073^{*}	2.207
	工作收入	-0.062	-1.656	-0.045	-1.309	-0.055	-1.492	-0.056	-1.519
自变量	合作型的冲突管理行为	0.121^{**}	2.905	0.189^{***}	4.967	0.093^{*}	2.228	0.095^{*}	2.264
	竞争型的冲突管理行为	0.079^{*}	2.380	0.156^{***}	5.128	0.056	1.684	0.061	1.822
	回避型的冲突管理行为	0.049	1.398	0.159^{***}	4.920	0.026	0.737	0.031	0.881

续表

预测变量		模型（因变量）							
		模型1（创新行为）		模型2（心理授权）		模型3（创新行为）		模型4（创新行为）	
		Beta	t	Beta	t	Beta	t	Beta	t
自变量	妥协型的冲突管理行为	0.060	1.511	0.043	1.187	0.053	1.363	0.053	1.370
调节变量	政治技能（PS）	0.307***	9.171	0.305***	9.961	0.262***	7.481	0.243***	6.680
中介变量	心理授权（PE）					0.146***	3.918	0.139***	3.724
交互项	PE×PS							−0.059*	−2.006
F		39.216***		60.267		37.994		35.693	
F显著性		0.000		0.000		0.000		0.000	
调整的 R^2		0.348		0.453		0.359		0.361	
ΔR^2		—		0.104		−0.092		−0.003	
ΔF		—		0.000		0.000		0.000	

注：*表示 $p < 0.05$，**表示 $p < 0.01$，***表示 $p < 0.001$。

依据温忠麟、张雷、侯杰泰（2006）对有调节的中介的层级回归分析的步骤，模型1表示创新行为对控制变量、冲突管理（合作型的冲突管理行为、竞争型的冲突管理行为、回避型的冲突管理行为、妥协型的冲突管理行为，自变量）、政治技能（调节变量）的回归，其F值为39.216，F值的显著性概率为0.000，通过F检验；模型1调整的 R^2 为0.328，表示预测变量解释了39.216%的方差，其中性别（Beta=−0.151，p = 0.000）、工作年限（Beta=−0.158，p = 0.000）、企业性质（Beta=−0.170，p = 0.000）、工作职务（Beta=0.091，p = 0.006）、合作型的冲突管理行为（Beta=0.121，p = 0.004）、竞争型的冲突管理行为（Beta=0.079，p = 0.018）、政治技能（Beta=0.307，p = 0.000）对创新行为的影响显著。模型1的回归标准化方程如下所示：

创新行为=−0.151性别−0.158工作年限−0.170企业性质+0.091工作职务+0.121

合作型的冲突管理行为+0.079竞争型的冲突管理行为+0.307政治技能+μ

模型1的检验结果显示，合作型的冲突管理行为、竞争型的冲突管理行为与政治技能都正向影响创新行为，该研究结果表明有调节的中介效应检验程序的第一步获得通过。

模型2表示心理授权对控制变量、冲突管理（合作型的冲突管理行为、竞争型的冲突管理行为、回避型的冲突管理行为、妥协型的冲突管理行为，自变量）、政治技能（调节变量）的回归，其F值为60.267，F值的显著性概率为0.000，通过F检验；模型2调整的R^2为0.453，表示预测变量解释了45.3%的方差，其中性别（Beta=−0.075，p = 0.005）、年龄（Beta=−0.080，p = 0.013）、企业性质（Beta=−0.082，p = 0.006）、工作职务（Beta=0.124，p = 0.006）、合作型的冲突管理行为（Beta=0.189，p = 0.000）、竞争型的冲突管理行为（Beta=0.156，p = 0.000）、回避型的冲突管理行为（Beta=0.159，p = 0.000）、政治技能（Beta=0.305，p = 0.000）对创新行为的影响显著。模型2的回归标准化方程如下所示：

创新行为=−0.075性别−0.080年龄−0.082企业性质+0.124工作职务+0.189合作型的冲突管理行为+0.156竞争型的冲突管理行为++0.159回避型的冲突管理行为+0.305政治技能+μ

模型2的检验结果显示，合作型的冲突管理行为、竞争型的冲突管理行为、回避型的冲突管理行为与政治技能都正向影响心理授权，该研究结果表明有调节的中介效应检验程序的第二步获得通过。

模型3表示创新行为对控制变量、冲突管理（合作型的冲突管理行为、竞争型的冲突管理行为、回避型的冲突管理行为、妥协型的冲突管理行为，自变量）、心理授权（中介变量）、政治技能（调节变量）的回归，其F值为37.994，F值的显著性概率为0.000，通过F检验；模型2调整的R^2为0.359，表示预测变量解释了35.9%的方差，其中性别（Beta=−0.162，p = 0.000）、工作年限（Beta=−0.166，p = 0.000）、企业性质（Beta=−0.158，p = 0.000）、工作职务（Beta=0.073，p = 0.028）、合作型的冲突管理行为（Beta=0.093，p = 0.026）、政治技能（Beta=

0.262，p = 0.000）、心理授权（Beta=0.146，p = 0.000）对创新行为的影响显著。模型3的回归标准化方程如下所示：

创新行为=−0.162性别−0.166工作年限−0.158企业性质+0.073工作职务+0.093合作型的冲突管理行为+0.262政治技能++0.146心理授权+μ

模型3的检验结果显示，合作型的冲突管理行为、政治技能、心理授权都正向影响创新行为，该研究结果表明有调节的中介效应检验程序的第三步获得通过。

模型4表示创新行为对控制变量、冲突管理（合作型的冲突管理行为、竞争型的冲突管理行为、回避型的冲突管理行为、妥协型的冲突管理行为，自变量）、政治技能（调节变量）、心理授权（中介变量）、心理授权×政治技能（交互项）的回归，其F值为35.693，F值的显著性概率为0.000，通过F检验；模型2调整的R^2为0.361，表示预测变量解释了36.1%的方差，其中性别（Beta=−0.160，p = 0.000）、工作年限（Beta=−0.165，p = 0.000）、企业性质（Beta=−0.155，p = 0.000）、工作职务（Beta=0.073，p = 0.028）、合作型的冲突管理行为（Beta=0.095，p = 0.024）、心理授权（Beta=0.139，p = 0.000）、政治技能（Beta=0.243，p = 0.000）、心理授权×政治技能（Beta=−0.059，p = 0.045）对创新行为的影响显著。模型4的回归标准化方程如下所示：

创新行为=−0.160性别−0.165工作年限−0.155企业性质+0.073工作职务+0.095合作型的冲突管理行为+0.243政治技能++0.139心理授权−0.059心理授权×政治技能+μ

模型4检验结果表明，政治技能×心理授权负向影响创新行为。该研究结果表明有调节的中介效应检验程序的第四步获得通过。

综合上述分析，有调节的中介效应检验程序四个步骤均得以通过，说明心理授权在冲突管理（合作型的冲突管理行为）与创新行为的中介效应受到政治技能的反向调节，反向调节效应显著。需注意的是，与原假设相反的是，政治技能与心理授权的交互效应负向影响创新行为，因此假设H16a得到部分验证。

8.4 小结

本章主要探讨了冲突管理（合作型的冲突管理行为、竞争型的冲突管理行为、回避型的冲突管理行为、妥协型的冲突管理行为）、政治技能、员工心理授权和员工创新行为7个变量之间的关系。

研究中首先检验了政治技能对创新行为的直接效应以及政治技能在冲突管理行为（合作型的冲突管理行为、竞争型的冲突管理行为、回避型的冲突管理行为、妥协型的冲突管理行为）与创新行为之间的调节效应，研究发现政治技能对创新行为具有显著的正向影响，但政治技能在冲突管理与创新行为之间的调节效应不成立。其次，构建了有中介的调节效应模型，采用层级回归法对该模型进行了检验，研究结果表明模型检验程序的第一步没有通过，因此，有中介的调节效应模型不成立。最后构建了有调节的中介效应模型，采用层级回归法对模型进行了检验，研究结果表明，心理授权在合作型的冲突管理行为与创新行为之间的中介效应受到政治技能的负向调节，负向调节效应显著。

综上所述，本章探索性研究结果如表8-6所示。

表8-6 政治技能调节效应的检验结果小结

假设	假设内容	结果
H13	政治技能对员工创新行为具有正向影响	支持
H14	政治技能在冲突管理行为与员工创新行为的关系之间起调节作用	不支持
H14a	政治技能会正向调节合作型的冲突管理对员工创新行为的影响	不支持
H14b	政治技能会正向调节回避型的冲突管理对员工创新行为的影响	不支持
H14c	政治技能会正向调节迁就型的冲突管理对员工创新行为的影响	—
H14d	政治技能会正向调节妥协型的冲突管理对员工创新行为的影响	不支持
H14e	政治技能会负向调节竞争型的冲突管理对员工创新行为的影响	不支持
H15	政治技能通过心理授权调节冲突管理与员工创新行为之间的关系	不支持
H15a	政治技能通过心理授权强化合作型的冲突管理行为与员工创新行为之间的关系	不支持
H15b	政治技能通过心理授权强化回避型的冲突管理行为与员工创新行为之间的关系	不支持

续表

假设	假设内容	结果
H15c	政治技能通过心理授权强化迁就型的冲突管理行为与员工创新行为之间的关系	—
H15d	政治技能通过心理授权强化妥协型的冲突管理行为与员工创新行为之间的关系	不支持
H15e	政治技能通过心理授权弱化竞争型的冲突管理行为与员工创新行为之间的关系	不支持
H16	心理授权在冲突管理行为与员工创新行为之间的中介效应受到政治技能的调节作用,调节效应显著	部分支持
H16a	心理授权在合作型的冲突管理行为与员工创新行为之间的中介效应受到政治技能的正向调节,正向调节效应显著	部分支持
H164b	心理授权在回避型的冲突管理行为与员工创新行为之间的中介效应受到政治技能的正向调节,正向调节效应显著	不支持
H16c	心理授权在迁就型的冲突管理行为与员工创新行为之间的中介效应受到政治技能的正向调节,正向调节效应显著	—
H16d	心理授权在妥协型的冲突管理行为与员工创新行为之间的中介效应受到政治技能的正向调节,正向调节效应显著	不支持
H16e	心理授权在竞争型的冲突管理行为与员工创新行为之间的中介效应受到政治技能的负向调节,负向调节效应显著	不支持

第9章 主要研究结论与未来展望

本书的主要目的是探讨劳资关系情境下冲突管理对员工创新行为的影响机制，深入分析心理授权、政治技能这两个变量在冲突管理影响员工创新行为过程中的中介效应和调节效应。第二章对主要研究变量冲突管理、创新行为、心理授权、政治技能进行了文献综述。第三章以认同冲突管理理论和社会交换理论为理论基础，对心理授权的中介效应和政治技能的调节效应进行了文献演绎，并提出相关假设。第四章和第五章设计了本书采用的测量工具，并对测量工具进行了信度和效度检验。第六章探讨了人口统计学变量与主要研究变量之间的关系，从而确定了研究中的控制变量。第七章检验了心理授权在冲突管理与员工创新行为之间的中介作用。第八章检验了政治技能在冲突管理与员工创新行为之间的调节作用。以上8章的研究，清晰地界定了冲突管理、心理授权、政治技能、创新行为4个主要研究变量之间的内在关系。本章旨在对全书内容做研究总结，包括主要研究结论、创新点、可能存在的局限性，并对未来研究进行展望。

9.1 主要研究结论

9.1.1 控制变量研究结论

本书的控制变量包括性别、年龄、受教育程度、任职年限、工作职位、企业性质、工作收入7个变量。研究结果表明，性别、年龄、教育程度、工作年限、工作职务、工作收入等人口学变量对心理授权具有显著影响，性别、年龄对创新行为无显著影响，教育程度、任职年限、工作职务、工作收入等人口学变量对创新行为具有显著影响。

其中，在性别差异对心理授权的影响方面，研究结果表明，女性的心理授权水平高于男性，这可能是受中国传统文化、社会差异的影响所致。在中国传统儒家文化影响下，“男主外、女主内”的传统思想使得中国女性大多以家庭为主，在工作中投入、参与较少，因此一旦上级或主管给予授权，她们的心理感受度要比男性更为显著。在性别差异对创新行为的影响方面，研究结果表明，性别差异在创新行为方面无显著影响。

在年龄差异对心理授权的影响方面，研究结果表明，不同年龄段的员工的心理授权程度显著不同。在年龄差异对创新行为的影响方面，研究结果表明，年龄差异对创新行为无显著影响。这可能是由于不同年龄段有各自的创新优势所致。

在受教育程度对心理授权和创新行为的影响方面，研究结果表明，受教育程度为本科层次的员工整体心理授权及创新行为最低，而高中及以下学历水平的员工整体心理授权及创新行为最高。这可能与我国的应试教育体系有关，也可能是抽取样本的不均衡引致。同时深入分析原因，高中及以下学历水平员工的各方面期望值与本科层次以上的员工相比要低得多，所以一旦授权，其感知度要更高一些，同时由于其学历水平低，更需要通过创新等行为展示自身的优势，以在工作中取得竞争优势。

在工作年限对心理授权和创新行为的影响方面，研究结果表明，员工心理授权集中于工作年限为1～5年的时间段，这时员工在工作岗位中逐渐熟悉企业状况，对工作的参与度越来越高，胜任力越来越强，对企业的影响力也逐渐增强。而员工创新行为则集中于刚工作时到工作1～2年的时间，随着工作年限的增长，员工创新行为逐渐下降。

在企业性质对心理授权和创新行为的影响方面，研究结果表明，国有企业及外商独资企业员工的心理授权水平及创新行为均较高，私营企业和中外合资企业员工的心理授权水平及创新行为均较低。这可能与行业性质有关，同时也由于中外经营管理的不同而造成如此现象。国有企业与私营企业相比，工作收入等各方面待遇较为稳定，因此员工心理授权水平普遍较高，而私营企业流动性较大，员工参与度较低，自主性较差，因而员工心理授权水平普遍较低。同时外商独资企业采用西式管理，强调分权的民主式参与管理，而中外合资企业、中资企业更多的是集权式管理，因而员工参与度不同，导致员工心理授权存在差异性，创新行为也存在显著差异。

在工作职务对心理授权的影响方面，研究结果表明，公司总经理及以上职务的员工心理授权及创新行为水平最高，这主要是因为公司的重大决策都是由公司总经理及以上职务做出的。普通员工和部门经理、主管及公司副总经理的心理授权水平及创新行为最低，这可能是由于其岗位主要是参谋职位，更多地辅助部门经理及公司总经理做出决策。

在工作收入对心理授权和创新行为的影响方面，研究结果表明，月收入在2000～2999元的员工心理授权水平最高，其次是月收入在2000元及以下的员工，月收入在3000～3999元的员工心理授权水平最低。创新行为发生最多的集中于月收入在2000及以下的员工，其次是月收入在2000～2999元的员工，这是因为月收入较低的员工有较多的动力去进行创新，以通过创新行为来逐渐获取较高的收入及职位。月收入在4000～4999元及以上的员工创新行为表现较为均衡，这可能与员工的收入渐渐地稳定下来有关。

9.1.2 心理授权的中介效应研究结论

根据中介效应的检验步骤，本书首先检验了冲突管理（合作型的冲突管理行为、竞争型的冲突管理行为、回避型的冲突管理行为、妥协型的冲突管理行为）对员工创新行为的直接影响，然后对心理授权的中介效应进行了检验。研究结果表明，冲突管理4个维度对员工创新行为均存在显著的正向影响。具体体现为，心理授权在竞争型的冲突管理行为和创新行为之间起部分中介作用，心理授权在合作型的冲突管理行为、回避型的冲突管理行为与创新行为的关系之间起完全中介作用，妥协型的冲突管理行为与创新行为之间的中介作用没有得到支持。

9.1.3　政治技能的调节效应研究结论

首先，本书检验了政治技能对创新行为的直接效应以及政治技能在冲突管理行为（合作型的冲突管理行为、竞争型的冲突管理行为、回避型的冲突管理行为、妥协型的冲突管理行为）与创新行为之间的调节效应，研究发现政治技能对创新行为具有显著的正向影响，但政治技能在冲突管理与创新行为之间的调节效应不成立；其次，构建了有中介的调节作用模型，研究结果表明政治技能在冲突管理与心理授权之间关系的调节效应不显著。之后，通过修正模型，检验了有调节的中介作用。研究结果表明，心理授权在合作型的冲突管理行为与创新行为之间的中介效应受到政治技能的负向调节，负向调节效应显著。心理授权在竞争型的冲突管理行为、回避型的冲突管理行为、妥协型的冲突管理行为与创新行为之间的中介效应未受到政治技能的调节影响，调节效应不显著。

综上所述，冲突管理（合作型的冲突管理行为、竞争型的冲突管理行为、回避型的冲突管理行为、妥协型的冲突管理行为）、心理授权、政治技能、创新行为等变量间的关系如图9-1所示。

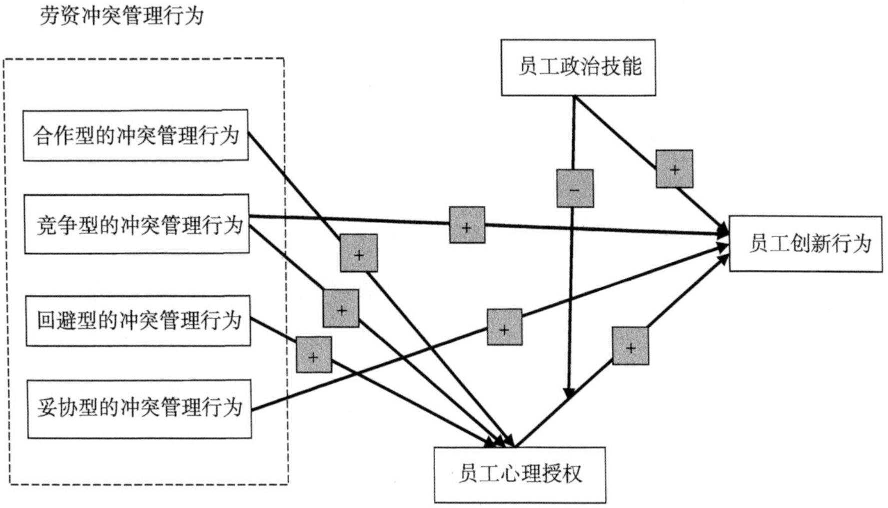

图9-1　研究变量关系图

注："+"表示两个变量之间存在正相关关系；"-"表示两个变量之间存在负相关关系。

在图9-1中，冲突管理为自变量，包括合作型的冲突管理行为、竞争型的冲突管理行为、回避型的冲突管理行为、妥协型的冲突管理行为4个维度，政治技能为调节变量，员工心理授权为中介变量，员工创新行为为结果变量。

9.2 理论贡献

在中国经济转型期，如何解决日趋严重的劳资冲突，构建和谐的雇主-雇员关系，进而提高企业员工的创新行为，为企业创造高效能，是关系到社会民生的重大课题，同时也是解决企业生存和发展的基本之道。本书主要通过劳资关系研究、冲突管理研究及创新行为的脉络，探讨了中国劳资关系情境下冲突管理对员工创新行为的影响机制。具体而言，本书的理论贡献体现为以下几点：

（1）较早地对中国情境下的劳资冲突管理进行了探讨。以往的冲突管理研究多局限于团队间的冲突管理研究及领导者及下属之间的冲突处理方式，对于雇主（管理层）与雇员（员工）之间的冲突管理研究贡献不足。本书首次将劳资关系与冲突管理两个变量结合起来进行研究，从劳资关系的视角探讨冲突管理对员工创新行为的影响，探讨不同类型的冲突管理方式对员工创新行为的影响。研究结果表明，中国情境下，竞争型的冲突管理行为、妥协型的冲突管理行为对员工创新行为具有显著的正向影响。

（2）首次将心理授权引入劳资冲突管理方式对员工创新行为的作用机制中。心理授权理论是当前的组织行为学研究的热点之一，本书将组织行为理论和劳资关系理论结合起来探讨冲突管理对员工创新行为的影响。从组织行为学的角度来讲，有效的冲突管理方式能够通过提高个体在工作中的决策参与过程及与组织的联结程度，增加个体根据组织目标和利益工作的心理动机。从劳资关系的角度来讲，有效的冲突管理方式能够使员工感受到更多的授权、工作影响力及更强的心理安全感，产生对组织的信任，进而产生较多的建言行为和创新行为。本书通过层级回归分析和结构方程模型分析，研究发现，合作型的冲突管理行为、竞争型的冲突管理行为、回避的冲突管理行为通过心理授权的中介机制对员工创新行为产生显著的正向影响。

（3）首次将政治技能引入劳资关系和创新行为研究领域。以往对政治技能的研究多关注于对职业成功、身心健康、工作绩效的作用机制，特别偏重于对职业成功的研究领域，且以往对政治技能的研究多偏重于其正向影响，本书较早地对政治技能的正向和负向效应进行了开拓性的研究。本书对政治技能的调节效应进行了探索性分析，研究发现，政治技能对员工创新行为具有显著的正向影响，心理授权在合作型的冲突管理行为与员工创新行为之间的中介效应受到政治技能的负向调节。

9.3　实践启示

（1）中国情境下，雇主（管理层）不同的冲突管理方式能够影响雇员（下属员工）的创新工作行为。当冲突或纠纷发生时，雇主（管理层）采取有效的冲突管理方式，有利于与下属的社会交换过程，从而使得雇员（下属员工）采取积极的工作态度和行为。西方大量学者对非合作的冲突管理方式与下属员工的工作成果之间的负向关系进行部分研究（Ohbuchi et al.，1991；Pruitt et al.，2015；Weider-Hatfield et al.，1995）。与以往西方研究的结论不同，本书发现非合作的冲突管理方式如竞争型的冲突管理行为、妥协型的冲突管理行为对员工创新行为具有显著的正向影响。东西方研究结论的差异性可能来源于东西方文化的差异。儒家文化使得人们认同雇主（管理层）的家长式领导风格，雇主（管理层）对雇员（下属员工）具有绝对的权力和权威，雇员（下属员工）对威权领导和不平等性具有较高的容忍性，对雇主（管理层）表现出绝对的顺从（Farh和Cheng，2000）。虽然在儒家文化的熏陶下，等级关系中较弱的一方应该忠诚和顺从，但儒家文化也同样强调雇主（管理层）对待雇员（下属员工）应该仁慈。对下仁慈，平等待人，就能与雇员（下属员工）建立起真诚的态度、较高的忠诚度及顺从度。以往的实证研究表明，雇主（管理层）的仁和德能够使雇员（下属员工）建立起较多的积极性心理反应，例如高的社会认同，高的社会信任及高的组织承诺等（Farh et al.，2008）。因此，在中国情境下，这种非合作的冲突管理方式能够为雇员（下属员工）所接受。本书的研究结果表明，竞争型的冲突管理行为、妥协型的冲突管理行为对员工创新行为具有显著的、直接的正向影响，合作型的冲突管理行为、竞争型的冲突管理行为、回避型的冲突管理行为通过心理授权的中介机制对员工创新行为产生显著的正向影响。因此，作者建议可根据不同的冲突类型采取不同的冲突处理式方式，竞争型的冲突管理方式和妥协型的冲突管理方式更具有直接效应，而合作型的冲突管理行为、竞争型的冲突管理行为、回避型的冲突管理行为则可能需要首先在雇员（下属员工）中建立起高的心理授权感才会产生更多的积极效应。因此，雇主（管理层）应不断地改善工作环境，营造高的员工心理授权感，同时企业应对管理层提供更多的有关冲突管理技巧方面的培训，以使得雇主（管理层）在面临不同的冲突或纠纷时能够采取更加有效的冲突管理方式，从而使雇员（下属员工）产生更多的积极性工作行为。

（2）心理授权是改善雇员（下属员工）创新工作行为的有效的方式。本书研究结果表明，合作型的冲突管理行为、竞争型的冲突管理行为、回避的冲突管理行为通过心理授权的中介机制对员工创新行为产生显著的正向影响。因此，在组织层面上，雇主（管理层）应通过一系列的高绩效管理实践，实施广泛的培训、开放式的信息分享、分权、参与式的决策制定及相应的报酬等一系列措施，来提升员工的心理授权水平，建立高水平的心理授权氛围，从而引导员工产生创新行为等一系列积极性工作行为。

（3）政治技能有助于员工创新行为的产生。本书研究发现，政治技能不仅有助于员工创新行为的产生，而且能够调节心理授权有合作型的冲突管理行为与员工创新行为之间的中介效应。政治技能能够中和工作场所中的负面因素，那些政治技能高的员工对于与雇主（管理层）的冲突和纠纷能够正确对待，且会专注于工作目标的完成。从社会网络视角而言，政治技能联结周围的网络建立网络资源联盟，以有助于绩效目标的实现。政治技能对个体的社会网络发展具有重要的影响。从雇主（管理层）的角度而言，政治技能有益于与雇员（下属员工）之间的关系联结，对资源交换和联结具有直接的影响，因此应进一步加强部门内部及跨部门合作。此外，由于网络资源对于工作成果的积极作用取决于政治技能，因此雇主（管理层）应进行有效的培训，制定开发计划，以提高员工的政治技能。需要注意的是，这种培训需要谨慎进行，并且伴随以合适的引导方式，特别是在中国社会中，关系网络经常被“过度使用”而忽视了员工的实际工作努力。管理者必须确保政治技能是有助于提高组织绩效的资源，而不是一项负面影响因素。从雇员（下属员工）的角度而言，那些期望提高自己的工作绩效的员工，必须学会如何更好地使用其自身的政治技能及网络资源来实现工作目标，以最终提高其工作绩效，实现职业的成功发展。

9.4 研究的局限性与未来展望

1.样本选择

本书样本的获取依据的是便利原则，即根据作者所拥有的关系网络，在河南、山东、江苏、上海、浙江等地获取，联络了相关行业协会及同学、同事等资源，最终获取调研问卷。实证研究中的样本，应该遵循随机抽样的原则，因此本书的样本的数据代表性还需要更深入的实证研究。在今后的研究中，可以不断地扩大样本量，将调查企业扩展到更广泛的行业和地区中。

2.量表编制

本书中所采用的量表均为国外量表，由国外量表翻译、修订而成。由于东西方文化存在较大差异，国外的量表在中国情境下的适用性还有待于进一步验证。特别是冲突管理量表，东西方冲突管理存在着情境的差异性。因此，在后续的研究中，应进一步地开发和编制适用于中国情境下的冲突管理量表，并且将其限定为劳资关系情境下。

3.分析的层面

本书仅从个体层面调查劳资关系情境下冲突管理对员工创新行为的影响过程，未来可从团队层面、组织层面进一步深入研究冲突管理气氛对员工创新行为的影响。同时，本书专注于研究心理授权对二者关系的中介效应，未来可进一步拓展其他的中介变量，如信任、心理安全感、社会认同等。本书仅分析了政治技能对二者关系的调节作用，未来可进一步研究传统性、权力距离、学习行为、目标导向等对二者关系的调节作用。另外，本书仅采用横截面数据，未来可以进一步考虑采用纵向研究方法或采用案例分析等研究方法对主要研究变量之间的因果关系进行更为深刻的探讨和验证。

参考文献

AHEARN K K，FERRIS G R，HOCHWARTER W A，et al.，2004.Leader political skill and team performance[J]. Journal of Management，30（3）：309–327.

AHEARNE M，MATHIEU J，RAPP A，2005.To empower or not to empower your sales force?An empirical examination of the influence of leadership empowerment behavior on customer satisfaction and performance[J]. Journal of Applied Psychology，90（5）：945.

ALBERT S,ASHFORTH B E,DUTTIN J E,2000.Organizational identity and identification:charting new waters and building new bridges[J].Academy of Management Review，25(1)：13–17.

ALGE B J，BALLINGER G A，TANGIRALA S，et al.，2006.Information privacy in organizations：empowering creative and extrarole performance[J]. Journal of Applied Psychology，91（1）：221.

AMASON A C，1996.Distinguishing the effects of functional and dysfunctional conflict on strategic decisionmaking：Resolving a paradox for top management groups[J]. Academy of Management Journal，39（1）：123–148.

ANDREWS C J，2009.Innovation as energy policy for the world [policy perspectives][J]. Technology and Society Magazine IEEE，28（2）：5–6.

ARITZETA A，AYESTARAN S，SWAILES S，2005.Team role preference and conflict management styles[J]. International Journal of conflict managemean，16（2）：157–182.

ARNOLD L G，2001.Stability of the market equilibrium in Romer′s model of endogenous technological change：A complete characterization[J]. Journal of Macroeconomics，22（1）：69–84.

ARTHUR J B，1992.The link between business strategy and industrial relations systems in American steel minimills[J]. Industrial and Labor Relations Review：488–506.

ASHFORTH B E，Mael F，1989.Social identity theory and the organization[J]. Academy of management review，14（1）：20–39.

ATWATER L，Carmeli A，2009.Leader–member exchange,feelings of energy,and involvement in creative work[J]. The Leadership Quarterly，20（3）：264–275.

AVEYJ B，HUGHES L W，NORMAN S M，et al.，2008.Using positivity，transformational leadership and empowerment to combat employee negativity[J]. Leadership and Organization Development Journal，29（2）：110–126.

AVGAR A C，2010.Negotiated capital：conflict，its resolution，and workplace social capital[J].International Journal of Conflict Management，21（3）：236–259.

AVOLIO B J，YAMMARINO F J，BASS B M，1991. Identifying common methods variance with data collected from a single source：An unresolved sticky issue[J]. Journal of Management，17（3）：571–587.

BANDURA A，1977.Self–efficacy：Toward a unifying theory of behavioral change[J]. Psychological Review，84：191–215.

BANDURA A，1982.The assessment and predictive generality of self–percepts of efficacy[J]. Journal of behavior therapy and experimental psychiatry，13（3）：195–199.

BARBUTOJ E，PHIPPS K A，XU Y，2010.Testing relationships between personality, conflict styles and effectiveness[J]. International Journal of Conflict Management，21（4）：434–447.

BARKER J，TJOSVOLDD,ANDREWS I R，1988.Conflict approaches of effective project managers：a field study in a matrix organization[J]. Journal of Management Studies，25（2）：167–178.

BARON R M，KENNY D A，1986. The moderator–mediator variable distinction in social psychological research：Conceptual，strategic，and statistical considerations[J]. Journal of Personality and Social Psychology，51（6）：1173–1182.

BARRICK M R，MOUNT M K，1991.The big five personality dimensions and job performance：a meta analysis[J]. Personnel psychology，44（1）：1–26.

BARTOLK M，2010.Linking empowering leadership and employee creativity：The influence of psychological empowerment，intrinsic motivation，and creative process engagement[J]. Academy of Management Journal，53（1）：107–128.

BASS B M，1985.Leadership：good，better，best[J]. Organizational Dynamics，13（3）：26–40.

BEEFTINK F，VAN EERDE W，RUTTE C G，et al.，2012. Being Successful in a Creative Profession：The Role of Innovative Cognitive Style，Self–Regulation，and Self–Efficacy[J]. Journal of Business and Psychology，27（1）：71–81.

BEHFAR K J，BEHFAR K J，PETERSON R S，et al.，2008.The critical role of conflict resolution in teams：a close look at the links between conflict type，conflict management strategies，and team outcomes[J]. Journal of applied psychology，93（1）：170.

BENHARDA I, JEANNE M, BRETT J M, et al., 2013.Gender and role in conflict management: Female and male managers as third parties[J]. Negotiation and Conflict Management Research, 6 (2): 79–93.

BENITEZ M, MEDINA F J, 2012.The management of relationship conflicts in service organizations [J]. Anales De Psicologia, 28 (1): 139–149.

BIERLY III P E, KOLODINSKYR W, CHARETTE B J, 2009.Understanding the Complex Relationship Between Creativity and Ethical Ideologies[J]. Journal of Business Ethics, 86 (1): 101–112.

BIZMAN A, YINON Y, 2004.Intergroup conflict management strategies as related to perceptions of dual identity and separate groups[J]. Journal of Social Psychology, 144: 115–126.

BLAKE R, MOUTON J S, 1964.The managerial grid[M]. Houston, TX: Gulf.

BLAU P M, 1964. Exchange and power in social life[M].. New York: Wiley.

BLEDOW R, ROSING K, FRESE M, 2013.A dynamic perspective on affect and creativity[J]. Academy of Management Journal, 56 (2): 432–450.

BLICKLE G, WENDEL S, FEERIS G R, 2010.Political skill as moderator of personality–job performance relationships in socioanalytic theory: Test of the getting ahead motive in automobile sales[J]. Journal of Vocational Behavior, 76 (2): 326–335.

BOZAC M G, ANGELESKI I, 2008.Ctheoric paradigm and a macrostrategic approach[J]. Ekonomska Istrazivanja–Economic Research, 21 (4): 45–61.

BREWER P R, STEENBERGEN M R, 2002. All against all: how beliefs about human nature shape foreign policy opinions[J]. Political Psychology, 23 (1): 39–58.

BROUER R L, DUKE A, TREADWAYD C, et al., 2009.The moderating effect of political skill on the demographic dissimilarity—Leader–member exchange quality relationship[J]. The Leadership Quarterly, 20 (2): 61–69.

BROWN S P, GANESANS, CHALLAGALLA G, 2001.Self–efficacy as a moderator of information–seeking effectiveness[J]. Journal of Applied Psychology, 86 (5): 1043.

CARMELI A, REITER–PALMON R, ZIV E, 2010.Inclusive leadership and employee involvement in creative tasks in the workplace: The mediating role of psychological safety[J]. Creativity Research Journal, 22 (3): 250–260.

CARMELI A, SCHAUBROECK J, 2007.The influence of leaders′ and other referents′ normative expectations on individual involvement in creative work[J]. The Leadership Quarterly, 18 (1): 35–48.

CHATMAN J A, FLYNN F J, 2001.The influence of demographic heterogeneity on the emergence and consequences of cooperative norms in work teams[J]. Academy of Management Journal, 44 (5): 956–974.

CHATMAN J A, POLZER J T, BARSADE S G, et al。1998. Being different yet feeling similar: the influence of demographic composition and organizational culture on work processes and outcomes[J]. Administrative Science Quarterly, 43 (4): 749-780.

CHEN G, LIU C, TJOSVOLD D, 2005. Conflict management for effective top management teams and innovation in China[J]. Journal of Management Studies, 42 (2): 277-300.

CHEN G, KIRKMANB L, KANFER R, et al., 2007. A multilevel study of leadership, empowerment, and performance in teams[J]. Journal of Applied Psychology, 92 (2): 331.

CHUA R, 2013.The Costs of Ambient Cultural Disharmony: Indirect Intercultural Conflicts in Social Environment Undermine Creativity[J]. Academy of Management Journal, 56 (6): 1545-1577.

CLERCQ D, THONGPAPANL N, DIMOV D, 2013. Getting More from Cross Functional Fairness and Product Innovativeness: Contingency Effects of Internal Resource and Conflict Management[J]. Journal of Product Innovation Management, 30 (1): 56-69.

COCROFT B A K, TING-TOOMEY S, 1994.Facework in Japan and the United States[J]. International Journal of Intercultural Relations, 18 (4): 469-506.

COELHO F, AUGUSTO M, LAGES L F, 2011.Contextual factors and the creativity of frontline employees: The mediating effects of role stress and intrinsic motivation[J]. Journal of Retailing, 87 (1): 31-45.

COLEMAN P, 2000. Fostering ripeness in seemingly intractable conflict: An experimental study[J]. International Journal of Conflict Management11: 300–317.

COLQUITT J A, SCOTT B A, JUDGE T A, 2006.Justice and personality: Using integrative theories to derive moderators of justice effects[J]. Organizational Behavior and Human Decision Processes, 100 (1): 110-127.

CONGER J A, KANUNGO R N, 1988. The empowerment process: Integrating theory and practice [J]. Academy of Management Review, 13: 471-482.

COOK S W, 1984. Cooperative interaction in multiethnic contexts[M]. Orlando, FL: Academic Press: 155-185.

CROPANZANO R, PREHAR C A, CHEN P Y, 2002. Using social exchange theory to distinguish procedural from interactional justice[J]. Group and Organization Management, 27 (3): 324-351.

DAVIS M A, 2009.Understanding the relationship between mood and creativity: A meta-analysis[J]. Organizational behavior and human decision processes, 108 (1): 25-38.

DE DREU C K W, 2008.The virtue and vice of workplace conflict: food for (pessimistic) thought[J]. Journal of Organizational Behavior, 29 (1): 5-18.

DE DREU C K W, BEERSMA B, STEINEL W, 2007.The psychology of negotiation: Principles and basic processes[C]//Social psychology: Handbook of basic principles (2nd ed.) . New York: Guilford.

DE DREU C K W,VAN VIANEN A E M,2001.Managing relationship conflict and the effectiveness of organizational teams[J]. Journal of Organizational Behavior, 22 (3): 309–328.

DECI E L, CONNELL J P, RYAN R M, 1989.Self–determination in a work organization[J]. Journal of Applied Psychology, 74 (4): 580.

DESIVILYA H S, 1998.Jewish–Arab coexistence in Israel: The role of joint professional teams[J]. Journal of Peace Research, 35: 429–452.

DESIVILYA H S, YAGIL D, 2005.The role of emotions in conflict management: The case of work teams[J]. International Journal of Conflict Management, 16 (1): 55–69.

DEUTSCH M, 1990.Sixty years of conflict[J]. International Journal of·Conflict Management, 1: 237–63.

DEUTSCH M, 1973.The Resolution of Conflict[M]. New Haven, CT: Yale University Press.

DEUTSCH M, 1980. "Fifty years of conflict," in Festinger, L. (Ed.), Retrospections on Social Psychology[M]. New York: Oxford University Press: 46–77.

DIONNES D, YAMMARINOF J, ATWATER L E, et al., 2004.Transformational leadership and team performance[J]. Journal of organizational change management, 17 (2): 177–193.

DOUCET O,POITRAS J, CHENEVERT D, 2009.The impacts of leadership on workplace conflicts [J]. International Journal of Conflict Management, 20 (4): 340–354.

DOUGLAS C, AMMETER A P, 2004.An examination of leader political skill and its effect on ratings of leader effectiveness[J]. The Leadership Quarterly, 15 (4): 537–550.

DUKERICH J M, GOLDENBR,SHORTELLS M, 2002. Beauty is in the eye of the beholder: the impact of organizational identification, identity, and image on the cooperative behaviors of physicians [J]. Administrative Science Quarterly, 47 (3): 507–533.

DVIR T, EDEN D, AVOLIO B J, et al., 2002.Impact of transformational leadership on follower development and performance: A field experiment[J]. Academy of Management Journal, 45: 735–744.

EISENBERGER R, PIERCE W D, CAMERON J, 1999. Effects of reward on intrinsic motivation–negative, neutral and positive: comment on deci, koestner, and ryan[J]. Psychological Bulletin, 125 (6): 677.

ELSBACH K D, HARGADON A B, 2006.Enhancing creativity through "mindless" work: A framework of workday design[J]. Organization Science, 17 (4): 470–483.

ERGENELI A, SAG G, ARI I, METIN S, 2007.Psychological empowerment and its relationship to trust in immediate managers[J]. Journal of Business Research, 60: 41–56.

EWEN C,WIHLER A, BLICKLE G, 2013.Further specification of the leader political skill-leadership effectiveness relationships: Transformational and transactional leader behavior as mediators[J]. The Leadership Quarterly.

FARH J L, CHENG B S, 2000.A Cultural Analysis of Paternalistic Leadership in Chinese Organizations[J]. Management and Organizations in the Chinese Context.

FARMERS M, TIERNEYP, KUNG-MCINTYRE K, 2003.Employee creativity in Taiwan: An application of role identity theory[J]. Academy of Management Journal, 46 (5): 618-630.

FERRIS G R, HOCHWARTER W A, BUCKLEY M R, et al., 1999. Human resources management: Some new directions[J]. Journal of Management, 25 (3): 385-415.

FERRIS G R, TREADWAY D C, KOLODINSKY R W, et al., 2005.Development and validation of the political skill inventory[J]. Journal of Management, 31 (1): 126-152.

FERRIS G R, WITT L A, HOCHWARTER W A, 2001.Interaction of social skill and general mental ability on job performance and salary[J]. Journal of Applied Psychology, 86 (6): 1075.

FIOL C M, PRATTM G, O' CONNAR E J, 2009.Managing intractable identity conflicts[J]. Academy of Management Review, 34 (1): 32-55.

FITZPATRICK R L, 2007.A literature review exploring values alignment as a proactive approach to conflict management[J]. International Journal of Conflict Management, 18 (3-4): 280-305.

FLYNN F J, 2005.Identity orientations and forms of social exchange in organizations[J]. The academy of management review, 30 (4): 737-750.

FREDRICKSON B L, 1998.Cultivated emotions: Parental socialization of positive emotions and self-conscious emotions[J]. Psychological Inquiry, 9 (4): 279-281.

GAERTNER S L, DOVIDIO J F, 2000.Reducing intergroup bias: The common ingroup identity model[J]. Essays in Social Psychology.

GAGNE M, DECI E L, 2005 Self-determination theory and work motivation[J]. Journal of Organizational Behvior, 26 (4): 331-362.

GELFAND MJ, LESLIE L M, KELLER K, 2012.Conflict cultures in organizations: How leaders shape conflict cultures and their organizational-level consequences[J]. Journal of Applied Psychology, 97 (6): 1131.

GEOGE JM, ZHOU J, 2001. When openness to experience and conscientiousness are related to creative behavior: an interactional approach[J]. Journal of Applied Psychology, 86 (3): 513-524.

GEORGE J M, JONESG R, 2005.Organizational behavior (3rd ed.) [M]. New York: Prentice Hall.

GEORGE J M, ZHOU J, 2007.Dual tuning in a supportive context: Joint contributions of positive mood, negative mood, and supervisory behaviors to employee creativity[J]. Academy of Management Journal, 50 (3): 605–622.

GERWIN D, MOFFAT L, 1997.Withdrawal of team autonomy during concurrent engineering[J]. Management Science, 43: 1275–1287.

GIACOMANTONIO M, PIERRO A, KRUGLANSKI A W, 2011.Leaders′ fairness and followers′ conflict handling style: The moderating role of need for cognitive closure[J]. International Journal of Conflict Management, 22 (4): 358–372.

GIAMBATISTA R C, BHAPPU A D, 2010.Diversity' s harvest: Interactions of diversity sources and communication technology on creative group performance[J]. Organizational Behavior and Human Decision Processes, 111 (2): 116–126.

GIEBELS E, JANSSENO, 2005.Conflict stress and reduced well–being at work: The buffering effect of third–party help[J]. European Journal of Work and Organizational Psychology, 14 (2): 137–155.

GONG Y, HUANG J C, FARH J L, 2009.Employee learning orientation, transformational leadership, and employee creativity: The mediating role of employee creative self–efficacy[J]. Academy of Management Journal, 52 (4): 765–778.

GONG Y, KIM K Y, LEE D R, et al. J, 2013. A multilevel model of team goal orientation information exchange and creativity[J]. Academy of management journal, 56 (3): 827–851.

GOODMAN R, WALLAC NR, 1999. Representations and invariants of the classical groups[M].Cambridge University Press.

GOULDNER A W, 1960.The norm of reciprocity: A preliminary statement[J]. American sociological review:161–178.

GRANT A M, BERRY J W, 2011.The necessity of others is the mother of invention: Intrinsic and prosocial motivations, perspective taking, and creativity[J]. Academy of Management Journal, 54 (1): 73–96.

HACKMAN J, OLDHAM G, 1980. Work redesign (prentice hall organizational development series) [M]. Hoboken: FT Press.

HARRIS K J, WHEELER A R, KACMAR K M, 2009. Leader–member exchange and empowerment: Direct and interactive effects on job satisfaction, turnover intentions, and performance[J]. The Leadership Quarterly, 20 (3): 371–382.

HECHANOVA–ALAMPAY R, BEEHR T A, 2001. Empowerment, span of control, and safety performance in work teams after workforce reduction[J]. Journal of Occupational Health Psychology, 6 (4): 275.

HEMPEL P S, ZHANG Z X, HAN Y, 2012.Team Empowerment and the Organizational Context Decentralization and the Contrasting Effects of Formalization[J]. Journal of Management, 38（2）: 475-501.

HENNESSEY B A, 2010.The creativity-motivation connection[J]. The Cambridge handbook of creativity: 342-365.

HIRST G, VAN KNIPPENBERG D, CHEN C, et al., 2011.How does bureaucracy impact individual creativity? A cross-level investigation of team contextual influences on goal orientation-creativity relationships[J]. Academy of Management Journal, 54（3）: 624-641.

HIRST G, VAN KNIPPENBERG D, ZHOU J, 2009.A cross-level perspective on employee creativity: Goal orientation, team learning behavior, and individual creativity[J]. Academy of Management Journal, 52（2）: 280-293.

HOCHWALDER J A, 2008.longitudinal study of the relationship between empowerment and burnout among registered and assistant nurses[J]. Work: A Journal of Prevention, Assessment and Rehabilitation, 30（4）: 343-352.

HON A H Y, 2011.Enhancing employee creativity in the Chinese context: The mediating role of employee self-concordance[J]. International Journal of Hospitality Management, 30（2）: 375-384.

HORNEY K, 1945.Our inner conflicts[C]//Neurosis and human growth. New York: W.W. Norton.

HUSELID M A, 1995. The impact of human resource management practices on turnover, productivity, and corporate financial performance[J]. Academy of Management Journal, 38（3）: 635-672.

HYATT D E, RUDDY T M, 1997.An examination of the relationship between work group characteristics and performance: Once more into the breech[J]. Personnel Psychology, 50（3）: 553-585.

ICHNIOWSKI C, SHAW K, PRENNUSHIG, 1997.The effects of human resource management practices on productivity[R]. National Bureau of Economic Research.

ICHNIOWSKI C, 1986.The effects of grievance activity on productivity[J]. Industrial and Labor Relations Review: 75-89.

ICHNIOWSKI C, 1992.Human resource practices and productive labor- management relations[G]//Re -search frontiers in industrial relations and human resources, Madison, WI: Industri-al Relations Research Association:239-271.

JEHN K, 1994.Enhancing effectiveness: An investigation of advantages and disadvantages of value-based intragroup conflict[J]. International Journal of Conflict Management, 5: 223-238.

KACMAR K M, ANDREWS M C, HARRIS K J, et al., 2013.Ethical leadership and subordinate outcomes: the mediating role of organizational politics and the moderating role of political skill[J]. Journal of Business Ethics（115）: 33-44.

KARK R, CARMELI A, 2009.Alive and creating: The mediating role of vitality and aliveness in the relationship between psychological safety and creative work involvement[J]. Journal of Organizational Behavior, 30 (6): 785–804.

KILMANN R H, THOMASKW, 1977. Developing a forced–choice measure of conflict–handling behavior: the "mode" instrument[J]. Educational & Psychological Measurement, 37 (2): 309–325.

KIM T Y, HON A H Y, CRANT J M, 2009.Proactive personality, employee creativity, and newcomer outcomes: A longitudinal study[J]. Journal of Business and Psychology, 24 (1): 93–103.

KIRKMAN B L, ROSEN B, TESLUK P E, et al., 2004.The impact of team empowerment on virtual team performance: The moderating role of face–to–face interaction[J]. Academy of Management Journal, 47 (2): 175–192.

KOLODINSKY R W, 2007.Treadway D C, Ferris G R. Political skill and influence effectiveness: Testing portions of an expanded Ferris and Judge (1991) model[J]. Human Relations, 60 (12): 1747–1777.

KOMARRAJU M, DOLLINGER S J, LOVELL J L, 2008. Individualism–collectivism in horizontal and vertical directions as predictors of conflict management styles[J]. International Journal of Conflict Management, 19 (1): 20–35.

LASCHINGER H K S, FINEGAN J E, SHAMIAN J, et al., 2004.A longitudinal analysis of the impact of workplace empowerment on work satisfaction[J]. Journal of Organizational Behavior, 25 (4): 527–545.

LAWLER EEI, 1987. High–involvement management. participative strategies for improving organizational performance[J]. Academy of Management Review, 12 (3): 567–570.

LAZARUS R S, 1999.Stress and emotion: A new synthesis[M]. New York: Springer.

LAZARUS R S, FOLKMAN S, 2010. Transactional theory and research on emotions and coping[J]. European Journal of Personality, 1 (3): 141–169.

LEONARD–BARTON D A, SWAP W C, 1999.When sparks fly: Igniting creativity in groups[M]. Boston: Harvard Business Press, 78: 87–89.

LEWICKI R J, WEISS S E, LEWIN D, 1992.Models of conflict, negotiation and third party intervention: A review and synthesis[J]. Journal of organizational behavior, 13 (3): 209–252.

LIAO H, LIU D, LOI R, 2010.Looking at both sides of the social exchange coin: A social cognitive perspective on the joint effects of relationship quality and differentiation on creativity[J]. Academy of Management Journal, 53 (5): 1090–1109.

LIDEN R C, WAYNE S J, SPARROWE R T, 2000. An examination of the mediating role of psychological empowerment on the relations between the job, interpersonal relationships, and work outcomes[J]. Journal of Applied Psychology, 85 (3): 407–16.

LIND E A, VAN DEN BOS K, 2002.When fairness works: Toward a general theory of uncertainty management[J]. Research in organizational behavior, 24: 181-223.

LIU D, LIAO H, LOI R, 2012. The dark side of leadership: A three-level investigation of the cascading effect of abusive supervision on employee creativity[J]. Academy of Management Journal, 55 (5): 1187-1212.

LOGAN M S, GANSTER D C, 2007.The effects of empowerment on attitudes and performance: The role of socialsupport and empowerment beliefs[J]. Journal of Management Studies, 44: 1523-1550.

LOVELACE K, SHAPIRO D L, WEINGART L R, 2001.Maximizing cross-functional new product teams′ innovativeness and constraint adherence: A conflict communications perspective[J]. Academy of management journal, 44 (4): 779-793.

MACDUFFIE J P, 1995.Human resource bundles and manufacturing performance: Organizational logic and flexible production systems in the world auto industry[J]. Industrial and labor relations review: 197-221.

MADJAR N., OLDHAM G. R. 2002. Preliminary tasks and creative performance on a subsequent task: effects of time on preliminary tasks and amount of information about the subsequent task[J]. Creativity Research Journal, 14 (2): 239-251.

MANNIX E, NEALE M A, 2005.What differences make a difference? The promise and reality of diverse teams in organizations[J]. Psychological science in the public interest, 6 (2): 31-55.

MANZ C C, SIMS H P, 1981.Vicarious learning: The influence of modeling on organizational behavior[J]. Academy of Management Review, 6 (1): 105-113.

MATHIEU J E, GILSON L L, RUDDY T M, 2006.Empowerment and team effectiveness: an empirical test of an integrated model[J]. Journal of Applied Psychology, 91 (1): 97.

MENON S T, 2001.Employee empowerment: An integrative psychological approach[J]. Applied Psychology, 50 (1): 153-180.

MINTZBERG H. 1983. Structure in fives: designing effective organizations[J]. Administrative Science Quarterly.

MIRON-SPEKTOR E, GINO F, ARGOTE L, 2011. Paradoxical frames and creative sparks: Enhancing individual creativity through conflict and integration[J]. Organizational Behavior and Human Decision Processes, 116 (2): 229-240.

MITCHELL D J B, LEWIN D, LAWLER E E, 1990.Alternative pay systems, firm performance and productivity[M]. Los Angeles: Institute of Industrial Relations, University of California.

MONTOYA-WEISS M M, MASSEY A P, SONG M, 2001.Getting it together: Temporal coordination and conflict management in global virtual teams[J]. Academy of management Journal, 44 (6):

1251-1262.

MORRISON J, 2008.The relationship between emotional intelligence competencies and preferred conflict-handling styles[J]. Journal of Nursing Management, 16 (8): 974-983.

MUELLER J S, KAMDAR D, 2011.Why seeking help from teammates is a blessing and a curse: a theory of help seeking and individual creativity in team contexts[J]. Journal of Applied Psychology, 96 (2): 263.

NG T W H, FELDMAN D C, 2010.The impact of job embeddedness on innovation related behaviors [J]. Human Resource Management, 49 (6): 1067-1087.

NG T W H, FELDMAN D C, 2012.Age and innovation related behavior: The joint moderating effects of supervisor undermining and proactive personality[J]. Journal of Organizational Behavior: 583-606

NOE R A, WILK S L, 1993.Investigation of the factors that influence employees′ participation in development activities[J]. Journal of applied psychology, 78 (2): 291.

OHBUCHI K I, KITANAKA T, 1991. Effectiveness of power strategies in interpersonal conflict among japanese students[J]. Journal of Social Psychology, 131 (6): 791-805.

OHLY S, SONNENTAG S, PLUNTKE F, 2006.Routinization, work characteristics and their relationships with creative and proactive behaviors[J]. Journal of organizational behavior, 27 (3): 257-279.

OLDHAM G R, CUMMINGS A, 1996. Employee creativity: Personal and contextual factors at work [J]. Academy of management journal, 39 (3): 607-634.

PERLOW LA, 1999. The time famine: Toward a sociology of work time[J]. Administrative Science Quarterly, 44 (1): 57-81.

PERREWE P L, ZELLARSK L, FERRIS G R, et al., 2004. Neutralizing job stressors: Political skill as an antidote to the dysfunctional consequences of role conflict[J]. Academy of Management Journal, 47 (1): 141-152.

PERRY-SMITH J E, SHALLEY C E, 2003.The social side of creativity: A static and dynamic social network perspective[J]. Academy of Management Review, 28 (1): 89-106.

PERRY-SMITH J E, 2006.Social yet creative: The role of social relationships in facilitating individual creativity[J]. Academy of Management Journal, 49 (1): 85-101.

PIETERSE A N, VAN KNIPPENBERG D, SCHIPPERS M, et al., 2010. Transformational and transactional leadership andcreativity: The moderating role of psychological empowerment[J]. Journal of Organizational Behavior, 31 (4): 609-623.

PINKLEY R L, BRITTAIN J, NEALE M A, 1995.Managerial third-party dispute intervention: An inductive analysis of intervenor strategy selection[J]. Journal of Applied Psychology，80（3）：386–402.

PONDY L，1992. Reflections on organizational conflict[J]. Journal of Organizational Behavior，13: 257–261.

POSTHUMA R A，2011. Conflict management and performance outcomes[J]. International Journal of Conflict Management，22（2）：108–110.

POSTUMA R A，2012.Conflict management and emotions[J]. International Journal of Conflict Management，23（1）：4–5.

PRUITT I，MORALES M，2015. Qualifying and keeping your employees qualified：how hard can that be? [C]Industry Applications Magazine IEEE，21（3）：58–66.

RAHIM A，MAGNERN R，1995.Confirmatory factor analysis of the styles of handling interpersonal conflict：First–order factor model and its invariance across groups[J]. Journal of Applied Psychology，80：122–132.

RAHIM，1983. A Measure of Styles of Handling Interpersonal Conflict[J]. The Academy of Management Journal，26（2）：368–376.

RICE G. 2006. Individual values，organizational context，and self–perceptions of employee creativity：Evidence from Egyptian organizations[J]. Journal of Business Research，59（2）：233–241.

RICHTER A W，HIRST G，VAN KNIPPENBERG D，et al.，2012.Creative self–efficacy and individual creativity in team contexts：Cross–level interactions with team informational resources[J]. Journal of Applied Psychology，97（6）：1282.

ROCCAS S，BREWER M B，2002.Social identity complexity[J]. Personality and Social Psychology Review，6：88–106.

ROMER M，RISPENS S，GIEBELS E，et al.，2012. A Helping Hand? The Moderating Role of Leaders′ Conflict Management Behavior on the Conflict–Stress Relationship of Employees[J]. Negotiation Journal，28（3）：253–277.

ROSING K，FRESE M，2011. Bausch A. Explaining the heterogeneity of the leadership–innovation relationship：Ambidextrous leadership[J]. The Leadership Quarterly，22（5）：956–974.

ROSS W H，CONLON D E，2000.Hybrid forms of third–party dispute resolution：Theoretical implications of combining mediation and arbitration[J]. Academy of management Review，25（2）：416–427.

RYAN R M，DECI E L，2000.Intrinsic and extrinsic motivations：Classic definitions and new directions[J]. Contemporary educational psychology，25（1）：54–67.

SAGIV L，ARIELI S，GOLDENBERG J，et al.，2010.Structure and freedom in creativity：The interplay between externally imposed structure and personal cognitive style[J]. Journal of Organizational Behavior，31（8）：1086–1110.

SCHOR J B，1991.Workers of the World[J]. Technology Rewiew，94（8）:25–32.

SCOTT S G，BRUCE R A，1994. Varieties and commonalities of career transitions：louis′ typology revisited[J]. Journal of Vocational Behavior，45（1）：17–40.

SEIBERT S E，SILVER S R，Randolph W A，2004. Taking empowerment to the next level：A multiple–level model of empowerment，performance，and satisfaction[J]. Academy of management Journal，47（3）：332–349.

SEIBERT S E，WANG G，COURTRIGHT S H，2011.Antecedents and consequences of psychological and team empowerment in organizations: a meta–analytic review[J]. Journal of Applied Psychology，96（5）：981.

SHALLEY C E，GILSON L L，BLUM T C，2009. Interactive effects of growth need strength，work context，and job complexity on self–reported creative performance[J]. Academy of Management Journal，52（3）：489–505.

SHALLEY C E，ZHOU J，OLDHAM G R，2004.The effects of personal and contextual characteristics on creativity：Where should we go from here？[J]. Journal of management，30（6）：933–958.

SHEPPARD B H，1983.Managers as inquisitors：Some lessons from the law[M]. In Negotiating in organizations，Lewicki. Beverly Hills，CA：Sage.

SHIH H–A，SUSANTO E，2010. Conflict management styles，emotional intelligence，and job performance in public organizations[J]. International Journal of Conflict Management，21（2）：147–168.

SHIN S J，KIM T Y，LEE J Y，et al.，2012.Cognitive team diversity and individual team member creativity：A cross–level interaction[J]. Academy of Management Journal，55（1）：197–212.

SIEGALL M，GARDNER S，2000.Contextual factors of psychological empowerment[J]. Personnel Review，29（6）：703–722.

SIGLER T H，PEARSON C M，2000.Creating an empowering culture：Examining the relationship between organizational culture and perceptions of empowerment[J]. Journal of Quality Management，5：27–52.

SILVIA P J，2008.Interest—The curious emotion[J]. Current Directions in Psychological Science，17（1）：57–60.

SONG L，2011.A framework of conflict management system for the Virtual Manufacturing Environment [J]. Advanced Materials Research，314–316.

SPELLER K G，SCHUMACHER G M，1975.Age and set in creative test performance[J]. Psychological reports，36（2）：447–450.

SPREITZER G M，1995.Psychological empowerment in the workplace：Dimensions，measurement，and validation[J]. Academy of management Journal，38（5）：1442–1465.

SPREITZER G M, 1996.Social structural characteristics of psychological empowerment[J]. Academy of Management Journal, 39: 483-504.

SPREITZER G M, 2008.Taking stock: A review of more than twenty years of research on empowerment at work[J]. Handbook of organizational behavior: 54-73.

STAJKOVICA D, LUTHANS F, 1998.Self-efficacy and work-related performance: A meta-analysis [J]. Psychological bulletin, 124 (2): 240.

STAW B M, SANDELANDS L E, DUTTON J E, 1981. Threat rigidity effects in organizational behavior: A multilevel analysis[J]. Administrative science quarterly: 501-524.

SUN L Y, ZHANG Z, QI J, et al., 2012.Empowerment and creativity: A cross-level investigation [J]. The Leadership Quarterly, 23 (1): 55-65.

SUNG S Y, CHOI J N, 2012.Effects of team knowledge management on the creativity and financial performance of organizational teams[J]. Organizational Behavior and Human Decision Processes, 118 (1): 4-13.

SWANN W B, GRIFFIN J J, PREDMORE S C, et al., 1987.The cognitive-affective crossfire: When self-consistency confronts self-enhancement[J]. Journal of personality and social psychology, 52 (5): 881.

TATUM B C, EBERLIN R J, 2008.The relationship between organizational justice and conflict style [J]. Business Strategy Series, 9 (6): 297-305.

TAYLOR H, 1963. Philosophy and education[J]. Royal Institute of Philosophy Supplements, 3 (1) : 78-84.

TAYLOR H. 1972. The Psychology of Reading[J]. New Literary History, 4 (1): 75-90.

TEPPER B B J, MOSS SE DUFFY M K, 2011.Predictors of abusive supervision: Supervisor perceptions of deep-level dissimilarity, relationship conflict, and subordinate performance[J]. Academy of Management Journal, 54 (2): 279-294.

THOMAS K W, VELTHOUSE B A, 1990.Cognitive elements of empowerment: An "interpretive" model of intrinsic task motivation[J]. Academy of Management Review, 15: 666-681.

THOMAS K W, KILMANN R H, 1975. The social desirability variable in organizational research: an alternative explanation for reported findings[J]. Academy of Management Journal, 18 (4): 741-752.

THOMAS K W, THOMAS G F, SCHAUBHUT N, 2008.Conflict styles of men and women at six organization levels[J]. International Journal of Conflict Management, 14 (2): 148-166.

TJOSVOLD D, LAW K S, SUN H, 2006. Effectiveness of Chinese teams: the role of conflict types and conflict management approaches[J]. Management and Organization Review, 2 (2): 231-252.

TJOSVOLD D, TANG M M L, WEST M, 2004.Reflexivity for Team Innovation in China The Contribution of Goal Interdependence[J]. Group & Organization Management, 29 (5): 540–559.

TJOSVOLD D, 1998. Cooperative and competitive goal approach to conflict: Accomplishments and challenges[J]. Applied Psychology, 47 (3): 285–313.

TJOSVOLD D, WONG A S H, WAN P M K, 2010. Conflict management for justice, innovation, and strategic advantage in organizational relationships[J]. Journal of Applied Social Psychology, 40 (3): 636–665.

TO M L, FISHER C D, ASHKANASY N M, et al., 2012. Within–person relationships between mood and creativity[J]. Journal of Applied Psychology, 97 (3): 599.

TODD S Y, HARRIS K J, HARRIS R B, et al., 2009. Career success implications of political skill [J]. The Journal of social psychology, 149 (3): 279–304.

TRIANDIS H C, 1996. The psychological measurement of cultural syndromes[J]. American Psychologist, 51 (4): 407.

TYLER T R, 1989. The psychology of procedural justice: A test of the group–value model[J]. Journal of personality and social psychology, 57 (5): 830.

VAN DE VLIERT E, DE DREU C K W, 1994. Optimizing performance by stimulating conflict[J]. International Journal of Conflict Management, 5: 211–222.

VAN WOERKOM M, 2010. Critical reflection as a rationalistic ideal[J]. Adult Education Quarterly, 60 (4): 339–356.

WALKER O C, CHURCHILL G A, FORD N M, 1975. Organizational determinants of the industrial salesman's role conflict and ambiguity[J]. The Journal of Marketing: 32–39.

WALLACE J C, JOHNSON P D, MATHE K, et al., 2011. Structural and psychological empowerment climates, performance, and the moderating role of shared felt accountability: A managerial perspective[J]. Journal of Applied Psychology, 96 (4): 840.

WANG A C, CHENG B S, 2010. When does benevolent leadership lead to creativity? The moderating role of creative role identity and job autonomy[J]. Journal of Organizational Behavior, 31 (1): 106–121.

WAYNE S J, SHORE L M, LIDEN R C, 1997. Perceived organizational support and leader–member exchange: A social exchange perspective[J]. Academy of Management journal, 40 (1): 82–111.

WEI L Q, LIU J, CHEN Y Y, et al., 2010. Political skill, supervisor–subordinate guanxi and career prospects in Chinese firms[J]. Journal of Management Studies, 47 (3): 437–454.

WONG S C, LADKIN A, 2008. Exploring the relationship between employee creativity and job–related motivators in the Hong Kong hotel industry[J]. International Journal of Hospitality Management, 27 (3): 426–437.

WORCHEL S，1986. The role of cooperation in reducing intergroup conflict[M]. 2nd ed.Psychology of intergroup relations，Chicago：Nelson-Hall288-304

YUAN F，WOODMAN R W，2010.creativityin the workplace：The role of performance and image outcome expectations[J]. Academy of Management Journal，53（2）：323-342.

ZAMPETAKIS L A，BOURANTA N，MOUSTAKIS V S，2010.On the relationship between individual creativity and time management[J]. Thinking Skills and Creativity，5（1）：23-32.

ZELLARS K L，PERREWE P L，ROSSI A M，et al.，2008.Moderating effects of political skill，perceived control，and job related self efficacy on the relationship between negative affectivity and physiological strain[J]. Journal of Organizational Behavior，29（5）：549-571.

ZHANG X A，CAO Q，TJOSVOLD D，2011.Linking transformational leadership and team performance：A conflict management approach[J]. Journal of Management Studies，48（7）：1586-1611.

ZHOU J，GEORGE J M，2001. When job dissatisfaction leads to creativity：Encouraging the expression of voice[J]. Academy of Management Journal，44（4）：682-696.

常凯，2009. 中国劳动关系报告——当代中国劳动关系的特点和趋向[M]. 北京：中国劳动社会保障出版社：46.

李超平，田宝，时勘，2006. 变革型领导与员工工作态度：心理授权的中介作用[J]. 心理学报，38（2）：297-307.

李培林，2005. 社会冲突与阶级意识当代中国社会矛盾研究[J]. 社会，1（7）：27.

李燕萍，涂乙冬，2011. 与领导关系好就能获得职业成功吗？一项调节的中介效应研究[J]. 心理学报[J]. 43（8）：941-952.

刘军，吴隆增，林雨，2009. 应对辱虐管理：下属逢迎与政治技能的作用机制研究[J]. 南开管理评论，12（2）：52-58.

刘咏梅，卫旭华，陈晓红，2011. 情绪智力、冲突管理与感知凝聚力关系研究[J]. 科研管理，32（2）：88-96.

刘云，石金涛. 组织创新气氛对员工创新行为的影响过程研究[D]. 上海：交通大学，2010.

刘云，石金涛. 组织创新气氛对员工创新行为的影响过程研究[J]. 中国软科学，2010（3）.

孙平，2014. 社会资本调节下跨部门冲突管理与创新绩效关系研究——基于高科技企业的实证分析[J]. 山东大学学报（哲学社会科学版），1：121-130.

田晖，2006. 中外合资企业中的文化价值观与冲突管理策略[J]. 求索（11）：58-60.

温忠麟，张雷，侯杰泰，2006. 有中介的调节变量和有调节的中介变量[J]. 心理学报，38（3）：448-452.

吴忠民，2000. 公正新论[J]. 中国社会科学（4）：50-58.

杨琳，2009. 劳资矛盾集中爆发成为社会主要矛盾[J]. 瞭望：12.

杨文伟，吴忠民，2012. 劳资矛盾研究的进展及问题——近年来学术界劳资矛盾问题研究述评[J]. 东岳论丛，4:13.

姚先国，赖普清，2004. 中国劳资关系的城乡户籍差异[J]. 经济研究，7：82-90.

于建嵘，2009. 当前我国群体性事件的主要类型及其基本特征[J]. 中国政法大学学报，6：118-124.

张军伟，龙立荣，2013. 上司冲突管理行为与员工宽恕的关系[J]. 管理科学，26（6）：58-70.

附　　录

附录A

调查问卷1（部门主管/人力资源主管）

您好！这是一项关于员工行为的调查研究，问卷以匿名形式进行。对于您的帮助和支持，我们深表感谢！

山东大学（威海）商学院

以下是对贵公司员工行为的一般描述，当中没有对错之分。请在您认为最能反映目前情况的数字选项上打“√”。其中1=极不符合，2=不符合，3=不太符合，4=不确定，5=有些符合，6=符合，7=非常符合。

请根据您部门员工在工作中的行为，在最符合实际情况的数字上打“√” 其中1=极不符合，2=不符合，3=不太符合，4=不确定，5=有些符合，6=符合，7=非常符合。							
1.工作时，我经常寻求新的技术、新的流程或新的产品	1	2	3	4	5	6	7
2.工作时，我经常会产生一些有创意的点子或想法	1	2	3	4	5	6	7
3.我会向领导或同事推销我的新想法，以获得支持和认可	1	2	3	4	5	6	7
4.为了实现我的构想或创意，我会想办法争取所需要的资源	1	2	3	4	5	6	7
5.我会积极地制订适当的计划或规划来实现我的创新性构想	1	2	3	4	5	6	7

续表

请根据您部门员工在工作中的行为，在最符合实际情况的数字上打“√” 其中1=极不符合，2=不符合，3=不太符合，4=不确定，5=有些符合，6=符合，7=非常符合。							
6.总的来说，我是一个具有创新精神的人	1	2	3	4	5	6	7
7.我会积极主动地在工作场所向管理者报告合作的问题	1	2	3	4	5	6	7
8.我很容易站在他人立场上思考问题	1	2	3	4	5	6	7
9.我能够让周围的大多数人感到舒适和轻松	1	2	3	4	5	6	7
10.我很容易和大部分人建立良好关系	1	2	3	4	5	6	7
11.我很容易理解他人	1	2	3	4	5	6	7
12.我很擅长让别人对我做出积极回应	1	2	3	4	5	6	7

基本情况：（请在相应的选项上打“√”）

1.您的性别是：①男 ②女

2.您的年龄：①21～30岁 ②31～40岁 ③41～50岁④51～60岁⑤其他

3.您的教育程度：①高中及以下 ②大专 ③本科 ④研究生及以上

4.您在本公司内任职年限：①1年以下 ②1～2年 ③2～5年 ④5～10年 ⑤10年以上

5.您所在公司属于何种性质：①国有企业②中外合资 ③外商独资 ④私营企业 ⑤其他

6.您在本企业的职务：①普通员工 ② 主管 ③部门经理 ④公司副总经理 ⑤公司总经理

7.您的月收入（包括津贴、加班费、奖金等）：

①2000元及以下 ②2000～2999元 ③3000～3999元

④4000～4999元 ⑤5000～5999元 ⑥6000～6999元

⑦7000元以上

问卷到此结束，对于您的支持和帮助，我们再次表示感谢！

附录B

调查问卷2（员工）

您好！这是一项关于劳资关系的调查研究，问卷以匿名形式进行。对于您的帮助和支持，我们深表感谢！

山东大学（威海）商学院

以下是对贵公司员工行为、感受及员工与上级（或公司）关系等的一般描述，当中没有对错之分。请在您认为最能反映目前情况的数字选项上打“√”。其中1=极不符合，2=不符合，3=不太符合，4=不确定，5=有些符合，6=符合，7=非常符合。

请根据您在工作中的感受，在最符合实际情况的数字上打“√” 其中1=极不符合，2=不符合，3=不太符合，4=不确定，5=有些符合，6=符合，7=非常符合。							
1.我的工作对我来说非常重要	1	2	3	4	5	6	7
2.我的工作活动对我个人而言非常有意义	1	2	3	4	5	6	7
3.我的工作对我来说非常有意义	1	2	3	4	5	6	7
4.我自信自己有完成各项工作活动的能力	1	2	3	4	5	6	7
5.我掌握了完成工作所需要的各项技能	1	2	3	4	5	6	7
6.在决定如何完成工作方面，我有很大的自主权	1	2	3	4	5	6	7
7.我能自己决定如何完成我的工作	1	2	3	4	5	6	7
8.在如何完成工作方面，我有很大的独立性和自主权	1	2	3	4	5	6	7
9.我对发生在本部门的事情影响很大	1	2	3	4	5	6	7
10.我对发生在本部门的事情起着很大的控制作用	1	2	3	4	5	6	7
11.我对发生在本部门的事情有重大的影响	1	2	3	4	5	6	7